CHRISTOPH MORGNER (HRSG.)

Du bist ein Gott,
der mich sieht

Das Lesebuch zur Jahreslosung 2023

BRUNNEN
Verlag GmbH · Giessen

Der Vers zur Jahreslosung wird abgedruckt mit freundlicher Genehmigung der Ökumenischen Arbeitsgemeinschaft für Bibellesen (ÖAB), Berlin.

© 2022 Brunnen Verlag Gießen
Lektorat: Uwe Bertelmann
Umschlagabbildung: Eberhard Münch, Jahreslosung 2023,
Mischtechnik © 2022 bene! Verlag, Verlagsgruppe Droemer
Knaur, München, www.bene-verlag.de
Umschlaggestaltung: bene!
Satz: Brunnen Verlag
Druck: GGP Media GmbH, Pößneck
Gedruckt in Deutschland
ISBN Buch 978-3-7655-3685-4
ISBN E-Book 978-3-7655-7655-3
www.brunnen-verlag.de

Dieses Buch
widme ich

S t e f f e n   K e r n ,
Waldorfhäslach,

seit 2021
Präses
des
Evangelischen Gnadauer Gemeinschaftsverbandes

Inhalt

Vorwort

Kennen Sie Ariadne? Sie stammt aus der griechischen Sagenwelt. Ariadne war so freundlich, ihrem Freund Thereus einen Garnknäuel in die Hand zu drücken. Der wurde von bösen Mächten in ein unübersichtliches und gefährliches Labyrinth geschickt. Dort kämpfte er siegreich um sein Leben. Wie findet er aus dem Labyrinth heraus? Mit dem Faden des Garnknäuels. Endlich geschafft! Dann flüchtet er mit Ariadne. Aber Undank war schon damals der Welt Lohn: Ariadne wird von Thereus auf der Insel Naxos schnöde zurückgelassen. Aber auf sie wartet neues Glück: Sie wird von Dionysos gefunden. Zwischen den beiden entbrennt heftige Liebe. Sie heiraten. Und wenn sie nicht gestorben sind …

Frage nur: Was hat das alles mit der diesjährigen Jahreslosung zu tun? Nun, aus dem Ariadnefaden ist der sprichwörtliche „rote Faden" geworden, der sich durch etwas zieht. Hält man den roten Faden in der Hand, kommt man zum Ziel. Er bewahrt davor, sich zu verirren.

Genau diesen Dienst tut uns die Jahreslosung. Sie will der rote Faden sein, der sich durchs gesamte Jahr zieht und der hilft, das Ziel im Auge zu behalten. Denn kirchliche Arbeit gleicht einem Gang durchs Labyrinth. Da kann man schnell den Kurs verlieren und sich irgendwohin verlaufen. Leicht gleiten unser Glaube und unser Verkündigen auf Nebenschauplätze ab: Ob es der Klimawandel ist, die ungerechte Verteilung der Güter, die Coronakrise, der Niedergang des Christlichen in unserer Gesellschaft und … Mit diesen zweifellos gewichtigen Themen kann man sich endlos beschäftigen. Der Stoff dafür wird uns täglich und reichlich geliefert. Aber dabei geraten wir in die Gefahr, uns dort aufzuhalten und im Labyrinth zu verlaufen.

Deshalb erweist sich der rote Faden einer Jahreslosung als goldwert. Er erinnert uns: Verzettelt euch nicht, sondern bleibt auf dem Kurs, den die Reformatoren abgesteckt haben: allein Jesus Christus, allein die Schrift, allein die Gnade, allein durch den Glauben. Diese zentrale Botschaft ist uns aufgetragen. Dann erst sind wir in unserem Element. Die diesjährige Jahreslosung erinnert uns daran: *„Du bist der Gott, der mich sieht"* (1. Mose 16,13).

Damit wird uns der rote Faden für 2023 in die Hand gedrückt. Er führt uns zu unserem aufmerksamen Gott, der brennend an uns interessiert ist. Keiner muss ohne ihn durchs Leben gehen. Die Jahreslosung erinnert uns an unseren Gott und Heiland. Dazu wollen die Beiträge aus diesem Buch helfen. Sie regen uns an, auf den „roten Faden" zu achten und sich an dieser Orientierung zu freuen.

Die Jahreslosung wurde auch diesmal wieder von der Ökumenischen Arbeitsgemeinschaft für Bibellesen (ÖAB) ausgewählt. Ihr gehören 23 Institutionen an, darunter die Bibelgesellschaften in Deutschland, Österreich und der Schweiz, das Katholische Bibelwerk, die Vereinigung Evangelischer Freikirchen (VEF) und die Arbeitsgemeinschaft Missionarische Dienste (AMD).

Die Tradition der Jahreslosungen reicht bis in die 1930er-Jahre zurück. Initiator war der württembergische Pfarrer Otto Riethmüller (1889–1938). Er wollte den nationalsozialistischen Parolen seiner Zeit ein Bibelwort entgegenstellen.

Ich danke nicht nur den Verfasserinnen und Verfassern der Beiträge, sondern auch Uwe Bertelmann aus dem Brunnen Verlag, der die Texte sorgfältig lektoriert hat. Ebenso danke ich meiner Frau Elfriede, die in aller Geduld Korrektur gelesen hat.

Dr. Christoph Morgner, Garbsen
im Juni 2022

BURGHARD AFFELD

Krebs – (k)ein Todesurteil

Gott sieht und rettet!

Der Warteflur beim Arzt ist eng. Vor mir ein Plakat: „Krebs muss kein Todesurteil sein." Bei einer kleinen OP hatte man mir Gewebeproben entnommen. Ob ich Krebs habe? Bald werde ich es wissen. Eine böse Ahnung überfällt mich. Ich schicke sie weg. Warte, sage ich mir. Du bist nicht Opfer eines bösen Schicksals. Du bist in Gottes Hand, nicht in der Abhängigkeit von Ärzten. Dann die erschütternde Information: Krebs. Ein Schwall medizinischer Fachwörter prasselt auf mich ein. Erstarrt sitze ich da. Mir schwirrt der Kopf. Krebs! Ein Todesurteil? „Halb so schlimm", betont noch einmal der Arzt. Kann das stimmen?

Der Arzt erklärt mir die Krankheit, die Therapien und mögliche operative Eingriffe. Immer wieder frage ich nach. Die medizinischen Begriffe will ich erklärt haben wie Vokabeln einer fremden Sprache. Der Arzt ist freundlich und versucht mich durch sein Lächeln ein wenig aufzumuntern. Ich bleibe skeptisch. Ich frage und frage. Bis mein Kopf leer ist. Gegen alle bösen Gedanken und die mich würgende Angst bete ich: „Gott, mein lieber Vater, du siehst mich. Leite mich mit deinen Augen und halte mich über den Abgründen der Verzweiflung."

Die Zeit schien für mich stehen geblieben zu sein, als der Arzt mir diese niederschmetternde Diagnose mitteilte. Wie oft hat er das schon gemacht? Wie oft ist dieses Wort „Krebs!" als Diagnose für einen Patienten schon über seine Lippen gegangen? Wie routiniert ist er dabei, frage ich mich. Egal, für eine kurze Zeit stehe ich neben mir und außerhalb des normalen Geschehens. Krebs! Ist das mein Ende?

„Jetzt ist es Zeit, den nächsten OP-Termin zu machen", holt der Arzt mich aus meinen Gedanken. „Jetzt nicht! Später!", höre ich mich sagen. Nicht jetzt, erst einmal raus hier! Weg hier! Ich muss eintauchen in das normale Leben, möchte Auto fahren, zu meiner Frau, unter Menschen sein und entdecken, dass das Leben weitergeht und die Welt immer noch dieselbe ist wie vorher.

Eine Mutter mit zwei lachenden und hüpfenden Kindern kommt mir auf meinem fluchtartigen Verlassen der Klinik entgegen. Wie schön das Leben sein kann und wie unbeschwert leicht erscheint mir das Leben dieser Kinder.

Es ist Januar. Ein kalter, etwas düsterer Tag. Ich eile dem Klinikausgang zu. Nur weg von hier! Hier rieche ich nicht nur die Düfte von Sagrotan und anderen Desinfektionsmitteln. Hier rieche ich förmlich den Tod.

Endlich bin ich draußen. Kahle nackte Bäume empfangen mich. Die Welt erscheint mir schmerzhaft schwarz-weiß zu sein, scheint die Farbe und die Fröhlichkeit verloren zu haben. Wie selten in meinem Leben wird mir nun die Vergänglichkeit unseres Lebens und dieser Welt bewusst.

Diese Erfahrung sollte ich noch tiefer, schmerzhafter

und lebensbedrohlicher machen. Auf der Insel Sylt versuche ich, mich von der ersten Operation zu erholen. Die Sorgen um den Krebs nehme ich mit. Wie dunkle Vögel begleiten sie mich.

Zeitgleich überfällt mich unmerklich ein gefährlicher Virus zusammen mit einer bakteriellen Infektion. An der Schutzhülle meines Immunsystems zerrt und rüttelt es wie ein Wirbelsturm an dem Gestänge und den Seilen eines kleinen Zeltes. Nun hat es mich getroffen. Bei mir ist es der Norovirus. Ich spüre die Wucht des Schüttelfrostes und das Feuer des Fiebers.

Mein Zustand wird so unerträglich, dass mir nur noch der Rettungswagen ins Krankenhaus bleibt. Dort lande ich auf der Isolierstation und werde ärztlich versorgt. Langsam tropfen die Medikamente aus der Flasche über mir in die Venen. Ich schlafe ein und verliere das Bewusstsein. Die Ärzte kämpfen um mein Leben.

Da sehe ich mich plötzlich vor einer grauen Betonwand. In ihr finden sich kleine quadratische Fenster. In diesen erkenne ich Bilder aus meiner Kindheit. Ich schreite die Betonwand ab. Fenster für Fenster zeigen mir Bilder aus verschiedenen Situationen meines Lebens. Bei jedem Bild tauchen wie von Geisterhand geschrieben Bildunterschriften auf. Laut lese ich sie mir vor. „Genau! Stimmt! So war es! Treffend formuliert!"

Neben den schönen Lebensbildern kommen auch Bilder unerträglicher Szenen. Szenen persönlicher Schuld stehen mir vor Augen. Während mich die Erinnerung noch quält, verschwimmt das Bild. Das Fenster ist auf einmal leer. Darunter steht deutlich: „Vergeben. Belanglos. Ausgelöscht!"

So wechseln sich unregelmäßig gute und schlimme Bilder meines Lebens ab. Immer das Gleiche: Die guten Lebensbilder bleiben, die schrecklichen Bilder persönlicher Schuld verschwinden in kurzer Zeit. Unter den leeren Fenstern bleiben die Worte: „Vergeben. Belanglos. Ausgelöscht!"

> Das Fenster ist auf einmal leer. Darunter steht: „Vergeben. Belanglos. Ausgelöscht!"

Dann kommen in der Betonwand keine Fenster mehr und kein Bild. Ich bin in die Gegenwart zurückgekehrt. „Er kommt wieder!", höre ich die Ärzte sagen. Ich wache auf. Schweißgebadet, fiebrig, erschöpft, aber erleichtert! Ein unbeschreibliches Glücksgefühl durchflutet mich.

So drastisch habe ich die Tatsachen von Karfreitag und Ostern noch nie erlebt. Mir ist alle Schuld vergeben. Sie ist ausgelöscht! Christus hat Sünde und Tod besiegt. Er lebt und handelt auch heute. Er hat mich aus der Todeszone errettet.

Noch bin ich unterwegs zu dem großen Ziel ewiger Heimat bei Gott. Noch manche Nacht wird kommen. Noch manche Todeszone wird zu durchleiden sein. Aber ich bin auf ewig kein Todeskandidat mehr. Denn Gott wird mich mit seinen Augen leiten. Und ich werde bekennen dürfen: *„Du bist ein Gott, der mich sieht."*

Burghard Affeld lebt als Pastor im Ruhestand in Osnabrück.

RALF ALBRECHT

Angesehen

Gesehen werden

Jeden Morgen mache ich vor dem Spiegel ein Selfie. Ich habe mir das in den letzten Jahren angewöhnt. Und überlege wieder einmal, wieso eigentlich. Oder allgemeiner gefragt: Warum gibt es inzwischen Fotos vom Eiffelturm in Paris praktisch nur noch mit mir und Ihnen im Vordergrund? Was treibt uns an, uns selber nicht nur immer wieder anzusehen, sondern auch in diesem Sinn zu zeigen?

Ich finde, das alles hat auch etwas. Gott hat mich geschaffen, wie ich bin. Und so kann ich mich sehen lassen. Die Perversion dieser Sichtweise aber ist: Ich bin herausgefordert, mich immer wieder selbst zu inszenieren. Ich muss mich sehen lassen – und dazu ständig selbst optimieren. Im Blick auf Fotos ist das alles längst gang und gäbe: Die unterschiedlichsten Apps geben mir die Möglichkeiten, Falten zu glätten, Hautirritationen wegzuretuschieren, die Figur zu verschlanken und vieles mehr. So gesehen bin ich dann aber nicht mehr ich selbst, sondern eher ein Kunstprodukt mit scheinbar weniger Mängeln, die aber nur ausgeblendet sind.

Jetzt denken Sie vielleicht: ich nicht. So was mach ich nicht. Gut, dann gehören Sie nicht zur Generation

„Instagram" und „Snapchat" etc., aber die Sicht auf sich selbst ist Ihnen wahrscheinlich trotzdem wichtig. Wir alle schauen uns immer wieder selbst an, beurteilen uns selbst – unser Äußeres und Inneres. Für das Äußere gibt es folgende kleine Testfrage: Gibt es ein Foto von mir, am besten ein aktuelles, bei dem ich finde, dass ich darauf gut getroffen bin? Damit kommt in mir ganz viel hoch im Blick auf meine Sicht auf mich selbst: Wie sehe ich aus? Wie komme ich mit mir selbst klar? Was kann ich im Blick auf meine eigene Person, meine Haltung, meinen Charakter, meinen Lebenslauf gut sehen – und was möchte ich am liebsten verbergen?

Angesehen sein

Damals sah sie niemand. Sara, die Konkurrentin, mobbte sie weg. Abraham, der Vater ihres Kindes, stand ihr nicht bei. Und jetzt sitzt Hagar da in der Wüste, allein, mit ihrem Kind. Wer sieht sie? Plötzlich öffnet sich ihr Blick: ein Brunnen. Wasser in der Dürre. Sie ist doch nicht übersehen. Und dann das kurze, große Wort – Jahreslosung: *„Du bist ein Gott, der mich sieht."*

Gott schaut nicht weg, Gott schaut nicht zu, Gott sieht mich an: Seit Hagar ist jede und jeder angesehen bei Gott. Und das gerade in den schwierigsten Situationen. Ich brauche, muss und kann nicht mich selbst erst schön herrichten, damit ER mich sieht. Umgekehrt wird ein Schuh draus: Gott sieht mich, wie ich bin. Und ER sieht mich gern und er gibt mir das tiefe Wissen: Ich bin von ihm angesehen. Ich bin bei IHM angesehen. Das kann mir niemand nehmen, gar niemand. Kein Urteil eines anderen. Kein Scheitern in meinem Leben. Es bleibt wahr: Du bist angesehen, sagt mir mein Gott zu.

Du bist angesehen, sagt mir mein Gott zu.

Ansehen haben

Und deshalb kann auch ich mich selbst und meine Situation ganz neu ansehen. Hagar findet einen Weg aus der Wüste und einen Segen und ein neues Leben für ihren Sohn und sich. Und mein Blick auf mich kann genauso gnädig und hoffnungsvoll ausfallen.

Ein Aussteiger: Kaum einer wusste, wo er sich derzeit aufhielt. Kaum Kontakte, kaum Nachrichten von ihm. Jetzt sitzt er in Paris am Eiffelturm. Mitten in der Menge, und doch auch irgendwie mitten in der Wüste seines Lebens. Wer sieht ihn? Eins aber macht er. Er kramt sein Smartphone raus und schießt ein Foto. Vom Eiffelturm – und von sich. Ein Selfie. Und stellt es in seinen Status. Mit der Unterschrift „#Genesis 16,13". Und seine Kumpels sehen es. Und die Reaktionen bleiben nicht aus. Chats, Sprachnachrichten, Kontakte. Und vor allem eines: Er selbst hat den Eindruck: Ich hab Ansehen. Ich kann mich anschauen. Es ist nicht zu Ende. Gott schenkt mir alles, was ich brauche. *„Du bist ein Gott, der mich sieht".*

Ralf Albrecht ist Prälat der Ev. Landeskirche in Württemberg in Heilbronn.

MATTHIAS CLAUSEN

Kamera an

Sommer 2020, ein Vierteljahr Corona-Lockdown liegt hinter uns. Die Studierenden an unserer kleinen evangelischen Hochschule genießen eine kurze Verschnaufpause vom Virus, im Sommer sind einzelne Veranstaltungen möglich. In großen Räumen, mit viel Abstand, festem Sitzplatz und anderen Maßnahmen. Im Juli 2020 ist das alles noch neu, beim Erscheinen dieses Buchs hoffentlich nicht mehr ganz aktuell – wer weiß? So oder so wird es noch in lebhafter Erinnerung sein.

In diesem Sommer also trifft man sich zu einer Art Buntem Abend zum Ende des Semesters. Ein paar Studierende führen einen Sketch vor, Thema: Was während der Zoom-Vorlesungen (Vorlesungen per Videokonferenz) *wirklich* hinter den Rechnern und Tablets zu Hause passiert ist. Kamera aus, man wird nicht gesehen, also kann man nebenher auch bügeln. Oder Kaffeekränzchen halten. Oder Fitnesstraining betreiben, „100 days of sweat", 100 Tage Schweiß, nennen das die Studis. Alles sehr amüsant. Mit der Schlusspointe: Ob es nun wirklich so war oder doch harmloser, sagt man uns Lehrenden nicht. *Wie* es wirklich war, würden wir eben niemals erfahren …

Worauf ich später im Spaß entgegnet habe: Beim Lesen mancher Seminararbeiten nach diesem ersten Corona-Semester dachte ich mir – *so* weit weg von der

Realität war der Sketch wohl nicht. (Scherz, die Arbeiten waren natürlich sämtlich hervorragend.)

Die Versuchung ist ja da und ich kenne sie selbst: Wo man vorher zusammen in einem Raum saß, ist man nun räumlich getrennt und nur durch das kleine Kameraauge im Laptop miteinander verbunden. Schaltet man das Auge ab, wird man nicht mehr gesehen. Das kann entspannend sein, ständige Beobachtung kann auch ermüden. Wer stattdessen nur zuhört und nicht interagiert, nicht mitmacht, hat alle Freiheiten, nebenher anderes zu tun, Kaffee zu holen, kurz eine E-Mail zu beantworten oder auch nur die Füße hochzulegen. Im Einzelfall ist das verständlich und auch okay, ich habe es gelegentlich auch so gemacht.

Auf Dauer ist es allerdings unbefriedigend. Menschen sind dazu gedacht, nicht nur Gedanken und Töne auszutauschen, sondern sich auch leibhaftig zu begegnen. Wir müssen einander sehen. Schlimm genug, wenn das per Zoom & Co nur in Form vieler kleiner Kachelgesichter passiert, aber das ist besser als nichts.

So habe ich zu Beginn meiner Online-Seminare immer eindringlich darum gebeten: Kamera an, es sei denn, das Internet im Studi-Wohnheim ist zu wackelig, was tatsächlich oft der Fall war und ich als Entschuldigung akzeptiert habe. Aber wer genug Bandbreite für Online-Spiele hat, bei dem reicht sie auch für die Kamera. Daher: Bitte zeigt euch.

Und ich denke zurück an Vorträge, die ich vor anderen Gruppen an anderen Orten halten durfte, für die ich sonst per Zug angereist wäre, mit bangem Blick auf die App der Deutschen Bahn, ob die Zugverbindung heute ausnahmsweise mal klappt ... schon auch praktisch, wenn auch das alles während der Corona-Monate wegfiel und man stattdessen abends den Rechner anschaltete. Trotzdem fehlte etwas und alle Kommunikatoren, reisenden Rednerinnen und Wanderprediger werden mir zustimmen: ohne leibhaftige Begegnung kein echter Austausch. Wir müssen einander *sehen*, nicht nur als pixelige Kachel, sondern in echt.

Das wird umso deutlicher, wenn auch noch fast alle abgeschaltet sind. Mit leisem Unbehagen denke ich zurück an einzelne Abende im Arbeitszimmer, vor dem Stehpult

Er sieht mich, also bin ich. Von ihm gesehen zu werden ist mein Lebenselixier.

mit meinem Laptop, an denen ich leidenschaftliche Vorträge über die Glaubwürdigkeit und Schönheit des Glaubens gehalten habe – in eine Wand von schwarzen Kacheln hinein. Ist da jemand? Dann schon lieber den Bäumen im Wald predigen, so wie Billy Graham es während seiner Ausbildung zum Prediger zu Übungszwecken gemacht hat.

„Du bist ein Gott, der mich sieht" – mich hat dieser Satz immer beruhigt. Von Gott gesehen zu werden ist ja nicht ermüdend und nichts, dem ich auch mal ausweichen wollte, um „meine Ruhe zu haben". Von Gott gesehen zu werden ist heilsam. Andere können mich übersehen, er nicht. Andere sehen vielleicht nur einen Ausschnitt, einen Teil von mir, und egal ob sie diesen gut oder schlecht

finden: Der Teil ist nicht alles. Gott sieht mich ganz. Mit dem, was ich gerne zeige, vor der Kamera gut ausleuchte. Und mit dem, was ich nicht so gern zeige, sondern lieber verberge. Er sieht mich ganz – und er liebt mich. Er sieht mich, also bin ich. Vor ihm kann ich mich nicht verstecken, und ich will es auch gar nicht. Von ihm gesehen zu werden ist mein Lebenselixier.

Dr. Matthias Clausen ist Professor für Systematische Theologie und Praktische Theologie an der Evangelischen Hochschule Tabor.

THOMAS DE MAIZIÈRE

„Jetzt ist die Zeit"

Im Alten Testament faszinieren mich immer wieder die wunderbaren Geschichten, auch von starken Frauen. Eine davon ist Hagar. Sie ist im einen Moment eine erniedrigte und verzweifelte Sklavin, die sich auf der Flucht befindet. Im nächsten Moment wird sie eine verheißene Ahnfrau eines Volkes. Sie ist die erste Person in der Bibel, der Gott begegnet und die ihm daraufhin einen Namen gibt. Während sie vor ihrer Begegnung mit Gott noch vor ihrer Herrin flieht, kehrt sie danach sogar zu dieser zurück. Äußerlich ist sie noch Sklavin, innerlich begreift sie sich von Gott wahrgenommen, befreit und gerettet.

„Du siehst mich." – Zu dieser Erkenntnis gehören zwei. Es reicht nicht nur die eine Seite, die sieht, sondern es braucht auch die andere, die sich gesehen weiß. Hagar hat begriffen und wurde ergriffen. In der Zürcher Übersetzung heißt es: „Wahrlich, hier habe ich dem nachgesehen, der auf mich sieht." Wenn ihr das genug war, sich zurück unter die noch kurz zuvor erlebte Unterdrückung ihrer Herrin zu begeben, dann muss ihr diese Erkenntnis wahrhaftig Kraft gegeben haben, Halt, Sicherheit. Auf diese Erkenntnis und den Befehl des Boten hin trifft Hagar eine Entscheidung und sie handelt.

Ich kann nicht behaupten, dass mir ein Bote Gottes je begegnet wäre, wie er es in der Geschichte Hagars tat. Das, wovon uns die Bibel hier und an anderen Stellen berichtet, scheinen mir besondere, heilige Begegnungen gewesen zu sein. Sie sind nicht alltäglich, aber sie können auch unseren Alltag verändern.

Und so kann ich auf gewisse Weise diesen Ruf verstehen.

1987 sagte ich in meiner Taufrede für unser erstgeborenes Kind, ich wünschte ihr, sie möge zu ihren Lebzeiten die deutsche Einheit erleben. Meine Familie hielt mich für ziemlich verrückt. Es war keine Vorhersage, nur ein Wunsch. Als mich dann 1989 mein Vetter Lothar de Maizière ansprach und mich bat, ihn auf dem Weg zur deutschen Einheit zu unterstützen, folgte ich diesem Ruf. Meine Familie und ich machten seit diesem großen Moment der Geschichte die deutsche Einheit in all ihren politischen, gesellschaftlichen und privaten Facetten zu unserem Projekt. Ob mich da jemand „gesehen" hat? Ich fühlte mich jedenfalls gesehen und berufen.

Die Botschaft an Hagar oder auch das Erlebnis, das Saulus zum Paulus machte, waren überraschende Ereignisse von außen, ein Ruf Gottes. Gleichzeitig finden wir auch die anderen Geschichten in der Bibel, in denen Personen aktiv „suchen" oder „Ausschau halten":

Zachäus, so heißt es, will unbedingt sehen, wer dieser Jesus ist. Aufgrund seiner Körpergröße ist ihm das in der Volksmenge nicht ohne Weiteres möglich und so klettert er schließlich auf einen Baum, um dort nach Jesus Ausschau zu halten (vgl. Lukas 19). Und es gelingt. Auch der blinde Bartimäus ruft nach Jesus trotz Drohungen der Umstehenden, er solle schweigen, und sucht ihm zu begegnen. Jesus bleibt stehen, ruft ihn zu sich und die Geschichte endet mit der vollständigen Heilung des zuvor blinden Bartimäus (vgl. Markus 10).

Ob in der Wüste oder auf einem Baum, ob nun bewusst nach Gott gesucht oder nicht, mich beschäftigt, wie der weitere Weg dieser Menschen aussah, denen Gott so markant begegnete. Und mich beschäftigt, ob wir heute überhaupt suchen und wo.

Gott befiehlt Hagar, zurück zu ihrer Verächterin zu gehen. Zachäus gibt nach dem Besuch von Jesus die Hälfte seiner Güter den Armen und erstattet zu Unrecht Genommenes vierfach zurück. Bartimäus trennt sich von seinem alten Leben und folgt nach seiner Heilung Jesus nach. Das war ein Weg, der mit einer Menge Herausforderungen einherging.

Sich grundlegend neu und anders zu entscheiden, sich aufzumachen, gesehen oder gesucht haben, das kann einen harten Weg bedeuten. Ein Teil meines Weges für die Verbesserung der deutsch-deutschen Verhältnisse war herausfordernd und hat viel Kraft gekostet. Tüchtige Menschen zu entlassen, weil sie für die Stasi gearbeitet hatten, um die Anerkennung von Bildungsabschlüssen für Millionen Menschen zu ringen, bei Pegida-Demonstrationen Puppen der aufgehängten Angela Merkel und ihres Vizekanzlers Gabriel zu sehen – das waren schwere Momente. Aber es hat sich gelohnt. Der einfache Weg macht nicht ohne Weiteres frei und stark. Arbeiten, kämpfen, durch Täler gehen führt letztlich zu einer viel größeren Befriedigung als etwas einfach geschenkt zu bekommen.

Im Psalm 23 heißt es: Im finsteren Tal, im Angesicht meiner Feinde – dort tröstet du mich und dort deckst du mir einen Tisch. Gott verspricht uns also nicht zuerst eine äußerliche, sondern eine inwendige Stärkung an Wendepunkten unseres Lebens. Er verspricht uns nicht, uns sofort aus einem Tal zu holen, aber bei uns zu sein und uns hindurchzutragen. Er verspricht uns nicht, dass der Weg augenscheinlich leicht wird, aber uns alles zu geben, was wir auf diesem Weg brauchen. Das „Suchen" oder das „Gesehenwerden" ersetzt nicht den eigenen Weg, den eigenen Willen, das Überwinden von Problemen. Aber es trägt. *„Du bist ein Gott, der mich sieht".*

Das „Suchen" oder das „Gesehenwerden" ersetzt nicht den eigenen Weg, den eigenen Willen, das Überwinden von Problemen. Aber es trägt.

Unsere Losung für den Kirchentag 2023 in Nürnberg „Jetzt ist die Zeit" (Markus 1,15) kann uns anzeigen, dass es solche definierenden Momente mit Gott geben kann. Oder auch ohne Glauben an Gott, aber in dem Bewusstsein, dass es jetzt, in diesem Moment auf unser Handeln ankommt. Denn: Jetzt ist die Zeit. Hagar hat sich aufgemacht. Und wir?

Dr. Thomas de Maizière ist Präsident des 38. Deutschen Evangelischen Kirchentages in Nürnberg 2023 und Bundesminister a. D.

HEINRICH DERKSEN

Leben vor Gottes Angesicht

Es gibt Situationen in unserem Leben, da wollen wir gesehen werden. Wir steigen bewusst auf eine Bühne, treten ins Rampenlicht, stellen uns vor die Kamera. Wir posten und verschicken Fotos, damit wir gesehen werden. Bei manchen wirkt es schon fast peinlich, wie sie sich darstellen, um gesehen zu werden. Aber es gibt Momente, wo wir nicht gesehen werden wollen. Wir wollen unerkannt bleiben und hoffen, dass uns keiner sieht. In Deutschland ist die sogenannte Privatsphäre sogar grundgesetzlich geschützt. Die Verletzung dieses Persönlichkeitsrechts ist strafbar. Auch der Datenschutz wird in Deutschland großgeschrieben. Wir sind durch das Gesetz geschützt und niemand hat das Recht, ungefragt etwas von uns zu erfahren. Dennoch hat man im Zeitalter von Big Data den Eindruck, dass wir alle gläserne Menschen geworden sind. Unsere Handys liefern Daten, die irgendwo alle gesammelt und ausgewertet werden. Was Google, Amazon, Facebook, Apple und andere Internetanbieter über uns wissen, das ist uns vermutlich selbst kaum bewusst und bekannt.

Bibelleser wissen, dass es noch einen gibt, dem nichts entgeht. *„Du bist ein Gott, der mich sieht.“* – Gott sieht alles! Seinem Auge entgeht nichts. Dieser Gedanke ist erschreckend und beruhigend zugleich. Die Worte stammen von Hagar, einer ägyptischen Sklavin. Abraham – der zu dieser Zeit noch Abram hieß (vgl. 1. Mose 17,5f) hat mit ihr ein Kind gezeugt auf Anraten seiner Frau Sara – die noch Sarai hieß –, da sie unfruchtbar war. Es kam zu Konflikten und Auseinandersetzungen zwischen den beiden Frauen und so musste Hagar das Haus verlassen. In der Wüste begegnet Gott ihr in der Gestalt eines Engels. Der Engel schickt sie zurück. Er verspricht ihr eine große Nachkommenschaft und sagt ihr, dass sie dem Kind den Namen Ismael geben soll, da Gott ihr Leid gesehen und sie erhört hat. Hagar ist so überwältigt von dieser Gottesbegegnung, dass sie Gott den Namen gibt: „Gott, der mich sieht." Auch der Begegnungsort wird danach benannt: „Brunnen des Lebendigen, der mich sieht." Wer diese Geschichte liest, wird von Mitleid bewegt und erkennt schnell, dass der Gott, der alles sieht, ein fürsorglicher und liebender Gott ist. Es ist der Gott, der sich um den Einzelnen kümmert, der den Schwachen nicht vergisst und keinen in seiner Not alleinlässt. Während wir ihn oft vergessen und nicht mehr sehen, verliert er uns nie aus dem Blick.

Während wir Gott oft vergessen und nicht mehr sehen, verliert er uns nie aus dem Blick.

Dieser Gott wurde in Jesus Mensch. Jesus predigte vor der Menge, aber er kümmerte sich auch immer um den Einzelnen. Jesus sah den blinden Bartimäus, den fragenden Nikodemus, die Frau am Jakobsbrunnen und die Ehebrecherin. Er hatte Zeit und ein Herz für Menschen, die mit ihren persönlichen Anliegen zu ihm kamen.

Wenn Gott uns sieht, dann kümmert er sich um uns. Lea wird schwanger und sagt: „Gott hat meinen Kummer gesehen" (1. Mose 29,32). Und auch in 2. Mose 3,7 lesen wir, dass Gott Israel aus der Sklaverei befreien will, weil er gesehen hat, wie das Volk in Ägypten misshandelt wird. Gott ist kein Zuschauer, der nur von Ferne dem Treiben der Menschen zusieht, ohne einzugreifen. Gott ist auch kein Kontrolleur, der nur sehen will, ob wir alles richtig machen. Gott sieht und hilft! Was für eine starke, gewaltige, tröstende und Mut machende Gottesbeschreibung. Keine Theologie aus dem Elfenbeinturm, sondern aus der eigenen Gotteserfahrung in der Wüste am Ende der eigenen Kräfte. Wer so aus seiner persönlichen Gottesbeziehung Gott beschreibt, hat Gottes Wesen nicht nur theoretisch, sondern praktisch erfasst und begriffen.

Wir finden gut 700 Namen für Gott in der Bibel. Welchen Namen würden Sie Gott geben, wenn Sie Ihre Lebenssituation mit einem Gottesnamen überschreiben sollten? Es mag manchmal den Anschein haben, als würde Gott uns nicht mehr sehen und verstehen. Aber Gott sieht ganz sicher auch mich in meiner Einsamkeit. Er kennt meine Zweifel und meine Hilflosigkeit. Er kennt meine Angst und meine Sorgen. Er weiß, wo ich gerade bin und warum ich mich da aufhalte. Er ist bei mir und wird mir ganz sicher helfen, weil er mich sieht! Abram hatte die große Verheißung, dass er einen Nachkommen mit Sarai haben würde. Doch je älter er wurde, umso mehr gab er sich damit zufrieden, dass er mit Hagar einen Sohn gezeugt hatte. Doch eines Tages, als Abram 99 Jahre alt war, begegnete Gott ihm erneut und stellt sich als „El-Shaddai" vor. „Ich bin Gott, der Allmächtige! Lebe vor meinem Angesicht und sei untadelig" (1. Mose 17,1). Hier stellt sich Gott zunächst nicht vor als einer, der alles sieht, sondern der alles kann. „El-Shaddai" lässt sich nicht so einfach aus dem Hebräischen übersetzen. Aber der „Allmächtige" oder „Alles-Könner" kommt dem sehr nahe. Er ist immer noch der Schöpfergott. Wenn Gott spricht, dann geschieht das, was er sagt. Deshalb soll Abram sich immer dessen bewusst sein, dass Gott da ist und vor seinem Angesicht leben. Was meint Gott damit? Als unsere Tochter klein war, hat sie gerne Süßigkeiten genascht. Wenn wir ihr dann sagten, dass es genug ist und sie nichts mehr essen darf, dann wartete sie, bis sie den Eindruck hatte, dass wir es nicht sehen, und griff dann doch noch mal in die Dose. Wenn ich sie dann fragte: „Schatz, schau mich mal an. Was hast du da in der Hand?", konnte sie mir nicht in die Augen schauen, weil sie genau wusste, was sie getan hatte. Aber wenn sie mir etwas zeigen wollte, was sie schon kann, dann lief sie mir entgegen und sagte: „Papa, das musst du unbedingt sehen. Schau mal, was ich kann!" Und dann durfte ich nicht wegschauen. Als Adam und Eva von der verbotenen Frucht gegessen hatten und sie Gottes Stimme hörten, versteckten sie sich. Warum? Sie wussten, was sie getan hatten. Ihnen war plötzlich die Gegenwart Gottes unangenehm. Sie aßen von der Frucht in einem Moment, wo sie dachten, dass Gott sie nicht sieht. Wären sie sich dessen bewusst gewesen, dass Gott sie sieht, hätten sie ganz sicher nicht von der Frucht gegessen. Deshalb erinnert Gott Abram: „Lebe vor meinem Angesicht!" Schau Gott in die Augen bei allem, was du tust. Wie würde sich unser Leben verändern, wenn wir uns immer dessen bewusst wären, dass Gott alles sieht? Er schaut uns über die Schulter, wenn wir allein vor dem PC sitzen und im Internet surfen. Er sitzt neben uns, wenn wir mit den Kollegen über den Chef herziehen. Er steht in der Tür, während wir uns mit dem Ehepartner in der Küche streiten. Er liest unsere Gedanken, während wir wieder einmal untreu, neidisch, geizig und wütend sind. „Ein Mensch sieht, was vor Augen ist; der HERR aber sieht das Herz an" (1. Samuel 16,7), sagt Gott zu Samuel. Ich muss zugeben, ich hätte manches nie gesagt, nie getan oder nie gedacht, wenn ich mir dessen immer bewusst gewesen wäre. Die Jahreslosung erinnert uns, dass wir einen Gott haben, der uns nie allein lässt. Darauf ist Verlass: Gott lässt dich nicht im Stich. Doch dieser Gott sieht eben auch alles, was wir tun, sagen oder denken. Deshalb sollten wir uns immer bewusst sein, dass Gottes Augen nichts entgeht. Das schützt uns auch vor Sünde und Bösem.

Dr. Heinrich Derksen ist Rektor des Bibelseminars Bonn.

KLAUS-JÜRGEN DIEHL

Durchschaut – aber wertgeachtet

Damit ihre Sprösslinge auch in unbeobachteten Momenten nicht auf dumme Gedanken kommen, ermahnen manche Eltern sie mit dem erhobenen Zeigefinger: „Denk daran: Der liebe Gott sieht alles!" Was für ein fragwürdiges Gottesbild wird da den Kindern vermittelt: Gott liegt wie ein Detektiv auf der Lauer und passt auf, ob ich heimlich etwas Verbotenes oder Unrechtes tue! Und dann reibt er mir meine Fehler und mein Versagen unter die Nase, um mich womöglich dafür zu bestrafen. Es ist schon auffällig, dass manche Zeitgenossen mit Gott vor allem Verbote und Strafen verbinden: ein engherziger Gott, der uns als Aufpasser unserer Sünden überführt und uns nicht einmal die kleinen Freuden am Leben gönnt.

Ja, es stimmt: Gott sieht alles, und wir können ihm nichts vormachen. Denn er sieht hinter die Fassade, mit der wir uns oft genug gegen die abschätzigen Blicke anderer abschirmen. Manche leben nach der Devise: „Immer nur lächeln, immer vergnügt, doch wie's da drinnen aussieht, geht niemand was an" (aus Franz Lehars Operette „Land des Lächelns"). Sie tragen nach außen Selbstsicherheit zur Schau und spielen den Gleichmütigen, den nichts umwirft. Tief drinnen aber sehnen sie sich nach einem Gegenüber, das sie annimmt und versteht. Ich erlebe immer wieder, dass junge Menschen vor allem die Frage beschäftigt, wie sie wohl von ihren Altersgenossinnen und -genossen wahrgenommen werden. Es macht sie todunglücklich, wenn sie das Gefühl haben, von andern übersehen oder gar verachtet zu werden. Sie versuchen alles, um Aufmerksamkeit zu finden und beachtet zu werden, um mit andern mithalten zu können.

Aber wenn Gott alles sieht, und wir ihm nichts vormachen können: Wie sieht er uns dann an? Mit abschätzigen, gar strafenden Blicken – oder doch ganz anders? Als die junge, von Abram geschwängerte Magd Hagar vor den Demütigungen ihrer Herrin Sarai in die Wüste flieht, macht sie eine überraschende Erfahrung: Von den Menschen verachtet, erlebt sie, wie Gott in ihre Einsamkeit einen Engel sendet, der sich fürsorglich ihrer Not annimmt. Zwar schickt er sie dann in die alten Verhältnisse zurück – doch mit der Zusage, dass sie einen Sohn gebären wird, aus dem dann eine große Nachkommenschaft hervorgehen wird. So getröstet und ermutigt bekennt Hagar, dass es kein Geringerer als Gott selbst ist, der sich ihrer Not angenommen und sie voller Liebe angesehen hat. Ja, sie ist in ihrer Not durchschaut – aber in einer Weise wertgeachtet, wie sie es in ihrem bisherigen Leben noch von keinem sonst erfahren hat.

Ich muss daran denken, wie Jesus zu seiner Zeit die Menschen angesehen hat. Da ist die junge Frau, die die Tugendwächter auf frischer Tat beim Ehebruch ertappt hatten. Sie hatten nur deswegen ein Auge auf sie geworfen und sie belauert, um sie ihrer Schuld zu überführen. Wie verlogen ihre Moral war, zeigt sich schon daran, dass sie zwar die Frau vor Jesus zerren, um von ihm ihr Urteil über sie bestätigt zu bekommen, aber den Mann einfach laufen lassen. Doch was macht Jesus? Er fordert die selbstgerechten Moralapostel auf, den ersten Stein auf die Frau zu werfen, wenn sie sich selbst für schuldlos halten. Da halten die Männer betroffen inne, während Jesus die Frau mit den Augen der Barmherzigkeit ansieht und ihr vergibt. Er beschönigt nicht ihre Schuld, aber er legt sie auch nicht darauf fest, sondern ermöglicht ihr einen Neuanfang.

Ich erinnere mich an eine Erfahrung in meinem Leben, in der mir auf überraschende Weise deutlich wurde, wie Gott mich ansieht, obwohl es zunächst eigentlich nur der Blick war, mit dem ein anderer mich durchschaut hatte. Als Sechzehnjähriger hatte ich zum ersten Mal bei einer CVJM-Freizeit mitgearbeitet und dabei ziemlich versagt. Ich hatte während der drei Wochen mehr Blödsinn im Kopf als meiner Verantwortung für eine Gruppe von zehn Jungen auch nur annähernd gerecht zu werden. Nach dieser deprimierenden Erfahrung war ich drauf und dran, aus dem CVJM auszusteigen und mich aus dem Staub zu machen. Obwohl ich mir äußerlich nichts anmerken ließ, spürte mein alter Jugendwart, dass ich innerlich ziemlich unglücklich war. Unmittelbar nach den Sommerferien sprach er mich an: „Ich glaube, wir sollten nach der Gruppenstunde mal unter vier Augen reden." Es folgte ein langes Gespräch, an dessen Ende ich im Gebet mein Leben Jesus anvertraute. Im Nachhinein wurde mir deutlich: Im Grunde war es Gott, der mich angesehen und meinen alten Jugendwart durch seinen Geist befähigt hatte, hinter der äußeren Fassade das unglückliche Herz und die Enttäuschung des jungen Mitarbeiters über sich selbst zu sehen. So wurde er für mich zu dem Engel, den Gott einst zu Hagar geschickt hatte. Ja, ich war durchschaut worden in meinen Fehlern und meinem Versagen. Da gab es auch nichts zu beschönigen. Aber das Befreiende war, dass ich nicht darauf festgenagelt wurde, sondern im Glauben an Jesus zu einem Neustart als Mitarbeiter ermutigt wurde. Bis heute ist es mir daher in der Seelsorge ein Anliegen, Menschen nicht nach ihrem Äußeren zu beurteilen oder sie auf ihre bisherige Lebensgeschichte samt Fehlern und Versagen festzulegen. Ich möchte sie mit den Augen Jesu sehen und ihnen das Bewusstsein vermitteln, dass – was immer bisher in ihrem Leben geschehen ist – Jesus mit ihnen etwas Neues vorhat, über das sie einmal

Im Grunde war es Gott, der mich angesehen hatte.

dankbar staunen werden: „Was hat Jesus aus meinem Leben gemacht, weil ich ihn machen ließ!"

Pfarrer Klaus Jürgen Diehl war bis zu seinem Ruhestand Leiter des Amtes für Missionarische Dienste der Evangelischen Kirche von Westfalen.

HANS-JOACHIM ECKSTEIN

„Sehen und gesehen werden ..."

„Sehen und gesehen werden ..." – Diese Redewendung gebrauchen wir gerne, wenn wir die Motivation von Menschen beschreiben, die Veranstaltungen besuchen, um sich und ihre gesellschaftliche Stellung zu demonstrieren und Aufmerksamkeit zu gewinnen. Wie viel Zeit und Aufwand verwenden wir selbst darauf, öffentliches Ansehen und persönliche Anerkennung zu bekommen? Aber ist es nicht auch ein tiefes und berechtigtes Interesse, wahrgenommen und gesehen zu werden? Schöpfen wir nicht von Kindesbeinen an unsere Orientierung und Lebenszuversicht vor allem aus der Erfahrung persönlicher Zuneigung und wertschätzender Zuwendung? Sind offene Begegnungen und verlässliche Beziehungen nicht die Grundlage für die eigene Stabilität und freie Lebensentfaltung? Wie glücklich sind diejenigen, die in ihrer Kindheit und auf ihrem Lebensweg solche Erfahrungen des wohlwollenden Wahrnehmens und des ermutigenden Ansehens machen durften. Und wie glücklich dürfen sich die Menschen schätzen, die zudem in ihrem Glauben einem Gott vertrauen können, der sich ihnen fürsorglich zuwendet und nach ihnen schaut!

Die zuversichtliche Aussage der Jahreslosung ist zunächst das ganz persönliche Bekenntnis einer bestimmten Frau in einer konkreten Situation – wie wohl jede Glaubensaussage nicht abstrakt, sondern lebensbezogen verstanden werden will. *„Du bist ein Gott, der mich sieht“*, ist die lobende Anrede der Sklavin Hagar, die zunächst als Schwangere ihrer Herrin entflieht (1. Mose 16,1-14) und später mit ihrem Sohn auf Drängen Sarais in die Wüste geschickt wird (1. Mose 21,9-21).

„Wo kommst du her, und wo willst du hin?"

Wege durch die Wüste sind Wege des Zweifels, der Entbehrung und des Durstes. Da wo wir herkommen, waren wir wohl nicht wirklich zu Hause, sonst wären wir geblieben; da wo wir hingehen, werden wir aber auch nicht erwartet, sonst könnten wir gezielter und geradliniger unserer neuen Heimat entgegenziehen. Das ist die Lebenserfahrung von Hagar, die dem Engel Gottes, der ihr auf dem Weg durch die Wüste begegnet und sie fragt: „Wo kommst du her, und wo willst du hin?", offen und wahrhaftig antwortet: „Ich bin von Sarai, meiner Herrin, geflohen" (1. Mose 16,8).

„Aber der Engel des Herrn fand sie"

Was für ein Kontrast liegt in dieser Begegnung! Auf der einen Seite der Engel, den der Künstler Eberhard Münch in leuchtenden Farben dargestellt hat. Und auf der anderen Seite die verzweifelte Frau in der Dürre der steinigen Wüste! Was bei dieser geheimnisvollen Begegnung mit dem himmlischen Boten vor allem überrascht, ist, wem der göttliche Zuspruch gilt: „Der Herr hat dein Elend erhört!"

Hagar ist als ägyptische Sklavin keineswegs Repräsentantin der Angesehenen und Freien, im Alltag beachtet sie keiner von denen, die im Land etwas zu sagen haben. Doch auch und gerade ihr wird Gottes Segen und Beistand in der Not zugesagt. Während für die biblische

Überlieferung eindeutig Isaak als der leibliche Sohn Saras vorrangiger Empfänger und Träger der Erwählung und Verheißung Gottes ist, gilt Gottes Aufmerksamkeit und Fürsorge hier dem Leben und der Zukunft der einsamen Fremden mit ihrem Sohn Ismael – „Gott hört".

„Der Brunnen des Lebendigen, der mich sieht"

In beiden Situationen verbindet sich die Gotteszusage durch den Engel mit einem Brunnen. Ist doch das Wasser in der Wüste die Grundvoraussetzung für jedes Überleben und Wohnen in der Einöde. Am „Brunnen des Lebendigen" durfte Hagar den Lebensspender sehen, der nach ihr geschaut und sich ihr in der Not helfend zugewandt hat (1. Mose 16,14). Und mitten in der Wüste wurde ihr später in ihrer Verzweiflung der Brunnen lebendigen Wassers gezeigt, der ihr und ihrem verdurstenden Sohn wieder Zukunft und Hoffnung schenkte: „Fürchte dich nicht, denn Gott hat gehört ... Und Gott tat ihr die Augen auf, dass sie einen Wasserbrunnen sah" (1. Mose 21,17.19).

„Wen da dürstet, der komme zu mir"

So berührend dieses außergewöhnliche Erlebnis einer einsamen Frau mit ihrem gefährdeten Kind ist, so wenig will und soll die einzigartige Erzählung die nicht Angesehenen dieser Welt nur rühren und vertrösten.

Sollte doch „der Lebendige, der mich sieht" später nicht nur einen weiteren Engel, sondern seinen eigenen Sohn senden, um sich den unzähligen Verzweifelten, Verlassenen und Dürstenden dieser Welt aus Liebe zuzuwenden. „Wen da dürstet, der komme zu mir und trinke!" ist die unbedingte Einladung Jesu Christi an alle Bedürftigen (Johannes 7,37). Mag die Rettung und Bewahrung der verstoßenen fremden Sklavin Hagar zunächst noch rätselhaft erscheinen, so erweist sie sich in Wahrheit als Vorbote der umfassenden, liebevollen Zuwendung Gottes zu den Menschen.

„Du bist ein Gott, der mich sieht"

Das Besondere an der dem anderen zugewandten und sehenden *Liebe* ist, dass sie dem Geliebten das Bewusstsein seines unermesslichen Wertes und seiner außergewöhnlichen Bedeutsamkeit gibt. Das Besondere an der Liebe *Gottes* ist, dass sie dieses Bewusstsein der Einzigartigkeit jedem Einzelnen unter Milliarden von Menschen zu schenken vermag. Wenn wir uns selbst nur für eine Sekunde mit den Augen dieser wahrnehmenden Liebe Gottes sehen könnten, dann hätten sich unsere Selbstzweifel wohl für eine ganze Ewigkeit verflüchtigt.

Prof. Dr. Hans-Joachim Eckstein ist Theologe, Autor, Referent, Musiker und Poet. www.ecksteinproduction.com
© 2022 bene! Verlag Ein Imprint der Verlagsgruppe Droemer Knaur GmbH & Co. KG, München www.bene-verlag.de

„HERR, du hast es gesehen, schweige nicht!"

Wie konnte ich so unvorsichtig sein, die genaue Adresse des Gemeindehauses nicht zu notieren und ins Navi einzugeben! Jetzt kurve ich durch das fremde Städtchen und suche den Ort, an dem in zwanzig Minuten mein Vortrag beginnt. Mein Handy liegt zu Hause! Ein Stoßgebet zum Himmel: „Herr, du siehst, dass ich mich verfranzt habe! Bitte zeig mir, wo's langgeht!" Ich halte neben einem der wenigen Passanten auf dem Gehweg und frage ihn nach dem Ziel meiner Reise. Doch der Mitbürger mit Migrationshintergrund hat keine Ahnung von evangelischer Kirche und so was. Ich frage noch einen zweiten Fußgänger, der auch nicht weiterhelfen kann. Ein paar bange Momente und ein paar Querstraßen später taucht ein Kirchturm auf. Die Gemeindehaustüren stehen offen – das muss es sein! Gerade noch rechtzeitig stürme ich ins Foyer, wo der Gastgeber auf die Uhr schaut. Den Dankschrei in mir hört zum Glück niemand: „Herr, tausend Dank! Du bist ein Ass. Du hast mich Blindfuchs nicht im Stich gelassen!"

In dem Moment, in dem ich ein Stoßgebet zum Himmel schicke, gehe ich selbstverständlich von der Glaubenserkenntnis aus, die die Sklavin Hagar formuliert: *„Du bist ein Gott, der mich sieht."* Er sieht den Stadtplan von oben. Er sieht mein Auto. Er sieht, wo ich spontan abbiege. Aus lauter Barmherzigkeit mit einem desorientierten Pfarrer lenkt er die Tour in die richtige Richtung. Klar – „Der das Auge gemacht hat, sollte der nicht sehen?" (Ps 94,9); „Der HERR schaut vom Himmel und sieht alle Menschenkinder" (Ps 33,13). Aber es gibt auch die Momente, in denen es mir so scheint, als ob da oben keiner sei, der nach mir schaut.

Es war während des Theologiestudiums. In dem Seminar des bekannten Professors bekamen drei Studenten die Hausaufgabe, das Protokoll anzufertigen. Dieses Mal war ich einer der Glücklichen. Der Professor liebte es, irgendwelche Zitate fallen zu lassen. Hinterher durften die Studenten die entsprechende Stelle in dem theologischen oder philosophischen Werk suchen und bis auf die Zeilenangabe genau ins Protokoll eintragen. Wir gaben uns Mühe, alles richtig zu machen, und kramten eine Weile in der Bibliothek. Doch die nächste Seminarsitzung eröffnete der Professor mit einer erzürnten Rede über das miserable Protokoll. Nach meiner Erinnerung handelte es sich nur um wenige Kleinigkeiten in den Fußnoten, die fehlten oder nicht korrekt waren. Der Seminarleiter spuckte Feuer, Rauch und Donner wie der Berg Sinai. Alles Volk erstarrte. Wir drei Protokollanten schlichen uns nachher hinaus wie Übeltäter, die man auf frischer Tat ertappt hat. Ich empfand die Standpauke als unverhältnismäßig und unfair. Wollte hier jemand anleiten und verbessern oder nur vorführen und demütigen?

Schaut einer von oben her nach uns in den dunklen

Momenten, wenn uns jemand herabwürdigt, unfair behandelt und fertigmacht? Die Sklavin Hagar wird von ihrer Chefin Sarai schikaniert. Nur weil sie ein Kind zur Welt gebracht hat, im Unterschied zur Ehefrau Abrams. Die Verhältnisse werden so unerträglich, dass Hagar die Flucht ergreift. Irgendwo im wüstentrockenen Gelände findet sie rechtzeitig eine Quelle fürs lebensnotwendige Trinkwasser. Sie begegnet einem Engel, der überraschende Worte von Gott an ihre Adresse ausrichtet. Da begreift die Dienerin, dass sich Gott nicht nur an den sonnigen Tagen um sie kümmert. Sondern gerade auch in schweren Zeiten.

„Du bist ein Gott, der mich sieht." Hinter diesem Bekenntnis steckt der Zuspruch des Lebendigen für die zu Boden gedrückte Frau: „Ich sehe die Situation in dem Haus, in dem du arbeitest. Ich sehe das Unrecht, das dir geschieht. Ich sehe die Demütigung und die Verletzung deiner Seele. Ich sehe dich bei dem Versuch, auszubrechen und alles hinter dir zu lassen. Ich sehe, dass du auf der Wüstenstrecke erfrischendes Wasser brauchst. Ich sehe genau hin und weiß wohl, was ich dir zumute, wenn ich dich durch die Anweisung des Engels zurück an deine Arbeitsstelle und in die Position der Untergebenen schicke. Ich sehe nach dir wie ein Trainer, der deine Ausdauer, deine Tragkraft und deine innere Unabhängigkeit stärker werden lässt. Ich sehe deinen Wunsch nach einem eigenständigen Familienleben, den ich dir erfüllen

Ich sehe das Unrecht, das dir geschieht. Ich sehe die Demütigung und die Verletzung deiner Seele.

werde – und zwar durch eine Großfamilie von Weltrang."

Mit der Sklavin, die Wasser schöpft und erstaunt zu dem Boten des Himmels aufblickt, darf ich erkennen, dass der Herr nicht nur an den leichten Tagen nach mir schaut. Sondern auch in den Situationen, die sich bedrückend und beschämend anfühlen. Ich erinnere mich an einen Ausbildungsleiter, der vor versammelter Mannschaft erklärte: So, wie ich in meiner Predigt von der Realität des Teufels rede, sei das völlig daneben. Vor einiger Zeit tauchten in der Öffentlichkeit Listen auf mit Namen von Personen, die gegen die Prinzipien der modernen LGBT-Gesellschaft verstoßen und die deshalb ins Visier zu nehmen sind. Auch mein Name wurde genannt. Ich wurde mit dem Begriff „Familiarist" bezeichnet – für mich ein Ehrentitel. Wie oft es in der Kirchengemeinde geschieht, dass der Pfarrer hintenherum heruntergeredet und abgeschossen wird, kann ich schon lange nicht mehr zählen.

Wer unter Beschuss gerät, fängt an, diejenigen Teile der Psalmen zu verstehen, die ausgesprochen kämpferisch daherkommen. Psalm 35,1: „HERR, führe meine Sache wider meine Widersacher, bekämpfe, die mich bekämpfen." Auch wenn alle wegschauen, die hinschauen sollten und helfen könnten – er wird seine Augen nicht davor verschließen. „HERR, du hast es gesehen, schweige nicht; HERR, sei nicht ferne von mir! Wache auf, werde wach, mir Recht zu schaffen!" (Ps 35,22f). Ich fliehe ins Gebet. Ich finde so etwas wie eine Wasserstelle in der Wüste. Ich begreife neu, wer mir beisteht. Ich höre, dass mein bescheidener Sklavendienst fürs Reich Gottes nicht vergeblich ist. Ich bekomme Mut, an meine Arbeitsstelle zurückzukehren trotz allem Unverständnis und allem Druck.

Dr. Tobias Eißler ist Pfarrer der evangelischen Landeskirche in Württemberg in Ostfildern-Ruit.

Klaus Göttler

„Namaste" – „Du wirst gesehen"

„Namaste!" Mit diesem Gruß begrüßt man sich in Indien: Du wirst gesehen. So kann man es im übertragenen Sinne verstehen. Was für ein schöner Gruß! Wir sind nicht einfach ein bedeutungsloses Staubkorn im Universum. Nicht nur einer von ein paar Milliarden Menschen. Wir werden wahrgenommen. Ich werde gesehen. Bei meiner letzten Indien-Reise habe ich immer wieder über diesen Gruß nachgedacht. Gerade in einem Land, in dem weit über eine Milliarde Menschen leben und die Not oft erbärmlich ist. In den ländlichen Regionen leben viele Menschen, die übersehen werden. Sie kämpfen täglich ums Überleben.

Mit unserer Hilfsorganisation im EC-Verband versuchen wir die Ärmsten der Armen zu sehen und zu unterstützen. Das Elend vieler Menschen ist augenscheinlich. Ich denke an den Besuch in einem Slum. Die Not dort schreit zum Himmel. Und doch war es eine herzliche Begegnung mit den Bewohnern dieser kleinen Siedlung. „Namaste!" – „Du wirst gesehen!" Wir wurden gesehen und herzlich begrüßt. Und wir haben Menschen gesehen, nicht nur als Arme oder Bedürftige. Wir haben sie gesehen als geliebte Kinder Gottes. Ich muss oft an diese Begegnung denken. Wir wollen gerne helfen, wo wir können. Aber ich möchte einen Menschen nie über seine Hilfsbedürftigkeit oder andere äußeren Dinge definieren. Ich möchte ihn sehen als das, was er oder sie wirklich ist: ein geliebter Mensch Gottes, der von Jesus liebevoll angesehen wird.

„Du bist ein Gott, der mich sieht." Diese Aussage kann auch Unbehagen auslösen. Gott, der Superpolizist im Himmel, dem nichts entgeht oder der alles sieht, was wir falsch machen. Es gibt nicht wenige Menschen, die mit diesem Bild von Gott unterwegs sind.

Hagar, von der diese Aussage stammt, hat Gott anders erlebt: In meiner Not hat er mich angesehen und besucht. Ich bin ihm nicht egal. Er sieht mich. Er nimmt mein Elend wahr und erhört mich. „Gott sieht mich." So nennt Hagar ihren Gott. Das ist bemerkenswert. Andere Götter betonen den Abstand. Sie sind weit weg. Erhaben. Unerreichbar. Der Gott der Bibel ist ein Gott, der uns sieht. Durch Jesus wird das beeindruckend sichtbar: Er verlässt seinen himmlischen Thronsaal. Er begibt sich hinein in die Welt – auf Augenhöhe zu den Menschen.

So wie Hagar es hier erfährt, so hat es auch Maria, die Mutter von Jesus erlebt: „Meine Seele erhebt den Herrn, und mein Geist freuet sich Gottes, meines Heilandes; denn er hat die Niedrigkeit seiner Magd angesehen (Lukas 1,46-48). Die Gottesbegegnungen der verstoßenen Hagar und der jungen Maria stehen eindrücklich nebeneinander. *Du bist ein Gott, der mich sieht.* Das ist die Erfahrung von Hagar, Maria und vielen anderen Menschen. Das ist die Erfahrung, die die Menschen auch mit Gottes Sohn Jesus machen: „Er sah ihn an und gewann ihn lieb" (Markus 10,21). Das sagt Jesus erstaunlicherweise zu einem Menschen, der ihm anschließend den Rücken zukehrt. Das ist Evangelium.

Du bist ein Gott, der mich sieht. In dieser Aussage steckt unendlich viel Liebe, Anerkennung und Hoffnung. Ich werde von Gott nicht übersehen, selbst wenn es manchmal so scheint. Er sieht mich, auch da, wo andere mich übersehen. Er sieht mich und kennt mich. Was für manch einen Menschen bedrohlich klingt, ist für mich das pure Evangelium. Jesus weiß, was los ist in meinem Leben. Er kennt mich durch und durch. Ich kann ihn nicht enttäuschen. Er hat sich nie getäuscht in mir. Er weiß, woran er an mir ist. Das wusste er, als er mich gerufen hat. Und das weiß er bis heute. Er sieht mich, wie ich bin. Und er liebt mich, wie ich bin. Und weil das so ist, deshalb kann ich zu mir stehen. Auch zu den Dingen, bei denen ich mich nicht mit Ruhm bekleckere. Auch in den Situationen, in denen ich regelrecht versage.

Du bist ein Gott, der mich sieht. Und mir vergibt. Gott sieht nicht das, was ich kann und habe. Er sieht das, was ich bin: sein geliebtes Kind.

„Namaste!" Was für ein wundervoller Gruß. Du wirst gesehen. Von Gott höchstpersönlich! Immer wenn ich diesen Gruß höre, will ich daran denken: Gott sieht mich und Gott liebt mich. Was für ein Geschenk für mein Leben. Was für ein Vorzeichen für das Jahr 2023!

> *Gott sieht nicht das, was ich kann und habe. Er sieht das, was ich bin: sein geliebtes Kind.*

Klaus Göttler ist Generalsekretär des Deutschen EC-Verbandes, Kassel.

EVA HOBRACK

Er ließ mich nicht in Ruhe

Es ist Abend geworden. Julia und Claudius sitzen auf der Bank vor ihrer Villa und schauen aufs offene Meer. Der Trubel der belebten Stadt ist hier draußen nicht zu hören. Nur vom Hafen dringt gedämpft der Lärm von pulsierendem Leben zu ihnen hinüber. „Ich bin ihm schon einmal begegnet. Ich hab es immer gewusst. Immer hatte ich Angst, dass es herauskommt", murmelt Claudius. Gespannt schaut Julia ihrem Mann ins Gesicht und wartet, dass er weiterspricht. Schließlich fragt sie nach: „Ich verstehe nicht so richtig, was du meinst. Wen hast du offensichtlich von früher wieder getroffen? Komm, erzähl es mir. Du weißt doch, dass du mir vertrauen kannst." Fast unmerklich nickt er. Dennoch, nur zögernd erzählt er schließlich: „Es ist alles so lange her, ich hab zuletzt nur noch selten dran gedacht. Ich … Ich wurde dafür bezahlt, dass ich schweige." – „Waaas?" Julia sieht ihn mit entsetzten Augen an. Er setzt sich aufrecht hin, als fasse er einen Entschluss. „Es ist vorbei, seit heut Nacht ist alles anders!" Die Freude und Erleichterung in seiner Stimme waren unverkennbar. Aber nur langsam spricht er weiter: „Ich hab meine Laufbahn nicht hier begonnen. Mein erster Einsatzort als Soldat war in Jerusalem. Ich hab nie darüber gesprochen und war froh, dass mich niemand groß gefragt hat, als ich mir hier in Philippi eine neue Stelle gesucht habe. Die Juden waren schon immer ein besonderes Völkchen. Aus religiösen Gründen erkannten sie nur einen Einzigen als ihren Herrscher an: ihren Allerhöchsten, so nennen sie ihn. Der römische Kaiser war weit weg. Er hatte zwar einen König über sie gesetzt, aber der hatte nicht viel zu sagen. Solange die Juden ihre Steuern bezahlten und sich ansonsten friedlich ihrer Religion widmeten, war alles in Ordnung. Es trat immer mal ein ‚Revoluzzer' auf, verstand sich als Heilsbringer. Mit denen wurden die Juden meist selbst fertig. Aber einmal kam einer, der meinte es wohl ernst. Der war auch anders als alle anderen. Das einfache Volk liebte ihn, aber den geistlichen Führern der Juden war er verhasst. Zu deutlich legte er die Missstände in ihren Reihen dar. Schließlich schafften sie es, ihn durch einen gemeinen Unrechtsprozess hinrichten zu lassen. Mich hat das alles nicht interessiert. Ich war froh, dass ich an dem Tag grad frei hatte. Abends kam der Hauptmann in unserem Quartier vorbei: ‚Ein Sonderauftrag für euch – ein Grab bewachen.' Na, wenn es weiter nichts ist, kleiner Extra-Verdienst, dachte ich. Erst an Ort und Stelle erfuhren wir Einzelheiten. Es war das Grab von diesem Religionsführer Jesus. Es war verschlossen mit einem riesigen Stein und versiegelt von Pontius Pilatus." – „Von dem Jesus Christus, den uns Paulus heute erklärt hat?" Julia war ganz erregt: „An seinem Grab hast du gewacht?" – „Ja. Er hatte vorher angekündigt, dass er sterben wird und dass er danach von den Toten auferstehen würde. Die Juden glaubten das natürlich nicht – oder sie waren sich nicht so sicher. Gesagt haben sie jedenfalls zu uns: ‚Ihr sollt aufpassen, dass die Leiche nicht gestohlen wird. Niemand soll behaupten können, er sei auferstanden!' Wir haben unseren Auftrag ausgeführt, natürlich! Glaub mir: Wir haben nicht geschlafen. Wir haben gequatscht und gespielt, uns eben die Zeit vertrieben. Morgens wurden wir abgelöst. Als die zweite Nacht fast herum war, passierte es: Es gab ein Erdbeben und wie von Geisterhand öffnete sich das Grab. Ein unglaubliches Licht entfuhr der Grab-Höhle. Es zwang uns zu Boden. Wir hörten

Stimmen, verstanden aber nichts. Als wir schließlich wieder fähig waren, aufzustehen, war alles vorbei – und das Grab leer. Ich schwöre dir: Wir haben nicht geschlafen. Wir waren quasi dabei, als Jesus aus dem Grab kam. Das helle Licht, das war er. Er war wirklich auferstanden von den Toten! Die Wachablösung kam und wir gingen nach Hause, von Angst erfüllt. Schlafen im Wachdienst – darauf stand die Todesstrafe. Ich mach's kurz: Die führenden Juden besuchten uns und gaben uns viel Geld dafür, dass wir eingestehen: Wir seien eingeschlafen, derweil sei die Leiche gestohlen worden. Sie würden dafür sorgen, dass uns nichts passiert. Haben sie auch gemacht. Aber uns war die Kiste zu heiß, deshalb ließen wir uns versetzen. Ich kam hierher, arbeitete mich hoch und bekam schließlich die Stelle hier im Gefängnis. Ab da weißt du ja alles." Claudius macht eine Pause, bevor er weiterspricht: „Als heute Nacht die Erde bebte, lief die Geschichte von damals wie ein Film erneut vor meinen Augen ab: Die Türen sprangen auf, Schloss und Riegel zum Trotz. Ich hörte die Gesänge der beiden Gefangenen Paulus und Silas wie ein überhelles Licht. Ich verstand nur diesen einen Namen: Jesus Christus. Schlagartig wusste ich: Jetzt hat dich dieses Licht eingeholt. Ich hatte Todesangst. Damals bin ich vor dem Licht geflohen. Ich wollte die Auferstehung nicht glauben, obwohl ich Augenzeuge war. Und was das Schlimmste ist: Durch meine Lüge von dem Diebstahl hab ich andere Menschen gehindert, die Wahrheit zu erkennen und zu glauben. Heute Nacht hab ich das alles mit Paulus besprochen. Er hat mich getröstet und mir gesagt: Jesus ist deshalb gestorben, damit mir alle Lüge und alles Böse und meine Flucht vor ihm vergeben wird. Und er ist deshalb auferstanden, damit ich ewig leben darf, wenn ich an ihn glaube. Und damit die Wahrheit über ihn nie untergeht. Ich glaube an diesen Jesus Christus. Er hat mich gesehen. Sein Licht hat mich seit damals nicht losgelassen. Nun halte ich es fest und gebe es anderen weiter. Ich bin glücklich."

Dr. Eva Hobrack ist Fachärztin für Lungenkrankheiten i. R.

GOTTFRIED HOLLAND

Gott führt zum Ziel

Sieht Gott mich wirklich? Also nicht nur so wie einer, der mit dem Fernglas vor Augen die Felswände gegenüber beobachtet und in sicherer Umgebung dem Bergsteiger zuschaut, der im Überhang hängt? Irgendwie interessiert, aber nicht eingreifend? Nein! Wenn Gott wirklich der ist, der mich sieht, dann bedeutet dies viel mehr als nur „betrachten". Gottes Sehen heißt: Er greift ein! Er führt zum Ziel! Er lässt mich nicht hängen!

Ein Beispiel mag dies verdeutlichen.

„Hat sich das gelohnt?", war meine Überlegung, als

ich im Sommer 2020 mit Karl Müller im Auto (Name geändert) aus dem Schwarzwald zurückfuhr. „Wie viel Zeit und Kilometer habe ich jetzt eingesetzt, um ihm zu helfen – und alles ist sinnlos!"

Was war passiert? Acht Monate vorher war ich als Notfallseelsorger alarmiert worden. „Kannst du dich auf den Weg machen? Ein Herr Müller hat sich bei mir gemeldet. Er ist stark alkoholisiert, sagt dies auch und will Hilfe haben. Vielleicht Suizidgedanken." Ich fuhr zur genannten Adresse. Nach dem Klingeln öffnete sich ein Fenster im 3. Stock und ein Schlüssel – verpackt in ein dreckiges Taschentuch – flog mir vor die Füße. Ich probierte den Schlüssel; er passte in die Haustür. Ich stieg die Treppe hinauf und kam irgendwann an eine offene Wohnungstür. Hier hauste Karl. Ein Zimmer mit einer Herdplatte, einem abgetrennten Bretterverschlag (die Toilette mit Waschbecken), alles total verraucht. Und Karl. Wie ein Häufchen Elend hockte er auf dem Bett. Um ihn herum die Reste der vergangenen zehn Tage: 16 Flaschen Chantré und eine unzählbare Menge an Bierflaschen. „Sonst bekomme ich das Gesöff nicht runter!", meinte er. Fünf Stunden dauerte der Einsatz, bis ich endlich den Hausarzt überredet habe, eine Einweisung zur Entgiftung zu schreiben. Sein Kommentar: „Das lohnt sich nicht! Ich kenne Herrn Müller seit 20 Jahren. Jetzt jammert er, aber spätestens in drei Monaten ist er rückfällig!" Während der Gespräche schreie ich immer wieder zu Jesus Christus. „Jesus! Du siehst diesen Mann. Du siehst diese Katastrophe. Gib mir die richtigen Worte, die richtigen Gedanken!" Karl hat auf meinem Namenschild gelesen, dass ich Pfarrer bin. „Mit Gott kann ich nichts anfangen. Meine Oma – ja, die hat viele Rosenkränze gebetet. Aber ich brauche das nicht!" Jesus Christus! Bist du wirklich der Gott, der sieht – auch Karl?

Während der Entgiftung bekomme ich für ihn einen Platz in einer christlichen Einrichtung für „Aus-Therapierte" im Schwarzwald. Ich fahre ihn. Wenig später lässt er sich von seinem Sohn abholen – angeblich braucht er neue Unterhosen. Ich rufe ihn alle paar Wochen an. Ich stelle einen Kontakt zur Selbsthilfegruppe her, die sich 150 Meter von seinem Zimmer entfernt wöchentlich trifft. Aber es ist Corona. Keine Treffen. Der Leiter dieser Gruppe verspricht, mit Karl Kontakt zu halten. Sechs Monate später – ein erneuter Anruf. Diesmal ist es Karl, der mich alarmiert: „Ich bin wieder abgestürzt!" Wieder das vermüllte Zimmer. Wieder die Flaschen ums Bett. Wieder der Versuch einer Entgiftung. Diesmal hilft die Polizei. Wieder der Anruf in der Einrichtung. „Wir halten ihm einen Platz frei!", sagt mir der Leiter des Hauses. Karl kommt aus dem Krankenhaus in seine Wohnung, sein „Loch", wie er sagt. Am nächsten Morgen hole ich ihn ab. Auf der Fahrt beginnt er von Gott zu reden. Mit Gott habe er nichts am Hut, sagt er. Aber er will mich nicht „verletzen" und drückt sich extra vorsichtig aus. Karl zählt wie bei jedem Treffen seine Verletzungen der letzten 30 Jahre auf. Ich erzähle ihm von Jesus Christus. Einfach, einladend. „Jesus hat dich lieb und er lädt dich ein!" Höflich hört er mir zu. „Weißt du, ich merke da nichts von Gott oder Jesus …", sagt er zu mir. Das Gespräch in der Einrichtung ist mühsam. Er will eigentlich gar nicht hierbleiben. Irgendwann sagt der Leiter: „Karl, jetzt mal Klartext: Willst du Hilfe in der Not oder willst du Hilfe aus der Not?" Karl windet sich. Er will es sich überlegen und fährt mit mir zurück. Ist Gott wirklich der Gott, der sieht?

„Lohnt das?", frage ich mich auf dieser Rückfahrt. Karl will doch gar nicht. Das ist doch alles umsonst. Ich bitte ihn zuzulassen, dass der Mitarbeiter der Selbsthilfegruppe mit ihm in Kontakt bleibt. Er stimmt zu. Bevor ich ihn zu Hause absetze, bete ich mit ihm. Das habe ich ihm immer wieder angeboten. „Schaden kann es nicht!", meint er.

Wieder rufe ich ihn alle paar Wochen an. Seine Stimme ist klar. Er hat über die Selbsthilfegruppe einen Arbeitsplatz in einer örtlichen Einrichtung für psychisch angeschlagene Menschen bekommen. „Nichts Großartiges …", meint er zu mir. „Aber so komme ich wieder rein." Seine Gesundheit macht ihm zu schaffen. Er ist hochgradiger Diabetiker und das Herz ist auch schwer geschädigt. Immer wieder erzählt er mir, dass er weiterhin trocken sei. Er habe nur ganz selten einen „Saufdruck". Und Karl fügt mir, dem Pfarrer zuliebe, dazu: „Ich glaube, dass Gott oder Jesus mir hilft!" Irgendetwas in mir zweifelt an seinen Aussagen …

Im Februar 21, 19 Monate nach der ersten Begegnung, ruft sein Sohn an. „Mein Vater ist tot!" Wir kommen ins Gespräch. Nein, es sei kein Alkohol im Spiel gewesen. Der Vater sei seit Sommer trocken gewesen. Und er fügt hinzu: „Mein Vater ist komisch geworden! Der hat Frieden mit seiner Vergangenheit gemacht … Ich glaube, der ist so was wie fromm geworden!" Ich frage nach. „Ich weiß auch nicht. Mein Vater hat immer gesagt: Jesus hilft mir. Der hat mich lieb!" Das trifft mich tief. Ich hatte es immer als „Höflichkeit dem Pfarrer" gegenüber eingeschätzt.

Die Söhne lassen Karl anonym bestatten. Es sind finanzielle Gründe, aber Karl hatte ihnen in den letzten Jahrzehnten auch viele Probleme bereitet. Der Sohn fragt mich, ob ich nicht dazukommen wolle. „So als Pfarrer, so richtig!", meint er. So stehen wir Anfang März an einem kalten, aber sonnigen Tag auf der Wiese. Vor uns ein kleines Erdloch, in das wir die Urne hineinstellen. Ich halte eine Beerdigung mit Bibelvers, Lebenslauf und Predigt. Mit Gebet. Und ich denke mir: „Gott sieht wirklich! Und handelt! Jesus hat mehr Geduld als ich! Er hat Karl gesehen, ist ihm nachgegangen und hat ihn eingeladen. Karl hat Jesu Stimme gehört. Jetzt gibt es im Himmel ein Freudenfest!" (Lukas 15, 7). Gott beobachtet nicht nur von Ferne – er sieht und greift ein! Wirklich: *Du bist ein Gott, der mich sieht!*

Gottfried Holland ist Leiter der Gnadauer Brasilienmission.

Ein bunter Hund

Ein bunter Hund. So nennt man Leute, die auffällig sind. Leute, die aus der Masse durch eine besondere, individuelle Eigenschaft oder Angewohnheit herausstechen. So wie es eben ein bunter Hund tun würde, denn Hunde gibt es nicht in bunt. Zumindest keine grünen oder blaue oder lila. Hunde gibt es in den Farben Schwarz, Braun, Rot und Weiß. Das dann zwar in allen möglichen Schattierungen, aber eben nicht in „bunt".

Ich war so ein bunter Hund. Schon als Kind. Ich hatte immer einen Witz zu erzählen, egal ob beim Metzger, an der Kasse im Supermarkt oder meinem Gegenspieler beim Fußball. Ich stellte mich auch gerne vor meine Klasse, um irgendeinen Musiker nachzumachen. Stand auf Tischen, Stühlen und Bänken, um die Leute in meinem Umfeld zu unterhalten. Und ich war schon früh ein eitler Pfau, achtete darauf, was ich anzog, und wollte den Einkauf meiner Klamotten nicht einfach meiner Mutter überlassen. So war ich einfach. Ich fiel fast immer und überall auf.

Viel später, als Erwachsener, habe ich verstanden, warum ich so war. Warum ich so gerne im Mittelpunkt stand und auffiel. Oder anders gesagt: Warum es mir so wichtig war, gesehen zu werden. Damit ist vermutlich schon vieles gesagt, warum ich nicht „einfach nur so" der

Klassenclown war, sondern dass es einen Grund hatte. Wie so vieles in unserem Leben, was uns, bewusst oder unbewusst, antreibt, hatte es mit einem Defizit zu tun. Und in meinem Fall auch noch mit einer Gefahr. Das Defizit war ganz schlicht gesagt, dass ich zu Hause als Kind nicht gesehen wurde. Ich spielte keine Rolle und war deshalb gefühlt von Anfang an einsam und auf mich alleine gestellt. Also holte ich mir die Aufmerksamkeit woanders. Als ich etwas älter wurde, änderte sich die Lage. Nun stand ich plötzlich immer öfter zu Hause im Mittelpunkt, allerdings nicht in einem positiven Sinne, sondern als Objekt zum Frustabbau meines Stiefvaters. Die Erfahrung von physischer und psychischer Gewalt wurde für mich über Jahre zur Tagesordnung. Aus Scham, Angst und auch aus Hilflosigkeit gab ich sonst überall noch immer den Clown, den Entertainer, den schillernden Leithammel. Um abzulenken. Denn niemand sollte mitbekommen, wie es mir wirklich ging. So war ich zu einem bunten Hund geworden. Zu einem, der gesehen werden wollte, der aber gleichzeitig von dem eigenen Ich ablenken wollte und deshalb versuchte, die Aufmerksamkeit der Leute auf sich, nein, auf den Entertainer in sich zu ziehen. Eigentlich ja irgendwie paradox, aber so war es für mich, das hat mich im Inneren angetrieben: Ich wollte Aufmerksamkeit, ich wollte gesehen werden und gleichzeitig nicht gesehen werden, bzw. von meinem wahren Ich ablenken.

Ich wollte gesehen werden und gleichzeitig nicht gesehen werden.

Die Vorstellung, dass Gott mich sieht, hatte mich als jungen Erwachsenen sehr berührt. Klar hatte das etwas Schönes, Tröstliches, aber für mich war es vor allem eine Bedrohung. Weil mir klar war, dass Gott sich nicht von meiner Show ablenken lässt. Das Gott mich wirklich sieht, den ganzen Karsten, dass jemand hinter meine Fassade schaut, das war schwer auszuhalten. Denn das, was ich selber hinter meiner eigenen Fassade sah, fand ich alles andere als sehens- oder gar liebenswert: hilflos, wehrlos, verletzt, unsicher, leer.

Und in mir drin sitzt bis heute manchmal ein tiefer Zweifel, ob Gott mich wirklich annimmt, wie ich bin. In den Tiefen meines Ichs gibt es den Gedanken, dass Gott mich sieht, aber dann doch lieber wieder wegsieht. Dass der Vater im Himmel vielleicht auch nur das in mir sieht, was mein Stiefvater in mir gesehen hat. Natürlich kenne ich die Geschichte von Hagar im Alten Testament, dass Gott sie gesehen und sich nicht abgewendet hat, sondern sie in ihrer Not versorgt und ihrem Leben eine neue Perspektive gegeben hat. Natürlich kenne ich die Geschichte von Zachäus im Neuen Testament, dass er von Jesus gesehen wurde und Jesus trotz seiner Biografie bei ihm zu Gast sein wollte. Und natürlich kenne ich auch noch manch andere Geschichten, in denen Gott Menschen sieht und dann nicht verächtlich wegschaut, sondern in seiner unnachahmlichen Art diesen Menschen eine neue Sicht auf die eigene Zukunft und Vergangenheit vermittelt.

Mein Kopf kennt und glaubt das. Das ist nicht das

Problem. Nur mein Herz ist noch immer dabei zu lernen, diesen Blick Gottes auszuhalten. Auszuhalten zu sehen, was Gott sieht. Aber wenn ich inzwischen genauer hinsehe, dann entdecke ich auch deutlich, wie sich mein Leben, wie ich mich selber unter seinem Blick verändert habe. Wie ich jeden Tag etwas mehr zu dem Menschen werde, den er von Anfang an in mir gesehen hat. Und ich glaube, auch das sieht Gott.

Karsten Hüttmann ist Vorstandsvorsitzender der Stiftung Christliche Medien und Vorsitzender des Christival.

STEFFEN KERN

Hoffnungsschritte auf Wüstenwegen

Berlin in Blau-Gelb. So hat man die Hauptstadt noch nicht gesehen. Blau-gelbe Flaggen wehen auf öffentlichen Gebäuden, hängen an Balkonen und Fenstern. Menschen mit blau-gelben Schals über den Schultern und mit blau-gelben Schildern in den Händen. Viele bekunden ihre Verbundenheit mit einer geschundenen Nation. Es ist Tag 15 nach Kriegsbeginn. Diese sonnig-kalten Märztage 2022 sind seltsam dunkel. Ich spüre Angst in den Straßen. Entsetzen. Wut. Hilflosigkeit. Und das Bedürfnis, Verbundenheit mit denen auszudrücken, die in unserer europäischen Nachbarschaft bedroht und bekämpft, verjagt und vertrieben werden: „We stand in solidarity with Ukraine", steht immer wieder zu lesen: Solidaritätsbekundungen mit einem überfallenen Land. Kerzen auf dem Boden vor der russischen Botschaft. Ein Mann hält ein Schild hoch: „Stop Putin!", steht darauf zu lesen. Ob der Botschafter aus dem Fenster schauen und es lesen wird? – Eine Frau steht schweigend daneben, zündet eine Kerze an und geht dann auf den stillen Protestanten zu. Sie sagt nur zwei Worte: „We pray." – „Wir beten." Sie wischt sich Tränen aus den Augen. Er nickt stumm. Dann geht sie weiter. Eine stille Begegnung „unter den Linden". Der Wind ist eisig an diesem klaren blau-gelben Morgen in Berlin.

Kein Zuhause

Am Bahnhof ein anderes Bild. Menschen gehen durcheinander, suchen Orientierung, stehen Schlange. Dicht an dicht. Viele Frauen und Kinder. Alte Menschen. Müde Gesichter. Es ist nicht das gewohnte emsige Treiben von Reisenden, die übliche Mischung von heiteren Touristen, wichtigen Geschäftsleuten, ausgelassenen Jugendlichen, bettelnden Außenseitern, alternativen Studierenden, verliebten Pärchen, ziellos Umhergehenden, provozierenden Künstlern, heiteren Flaneuren … es ist anders. Ernster. Gefüllter als sonst. Eine eigenartige Schwere liegt in den Bahnhofshallen. Hier kommen Menschen an, die nicht hierher wollten. Menschen mit allzu schwerem Gepäck. Mit großen Koffern, Tragetaschen, vollgestopften Plastiktüten. Sie schleppen sich voran und das, was sie irgendwie schleppen können. Sie tragen, was kein Mensch tragen kann, auch das Unerträgliche. Sie stranden hier. Sie werden hierher gespült von Kriegswellen, die sie überrollt haben. Die Reise nach Berlin ist nichts als ein Ausweg, weil es dort, wo sie herkommen, nicht mehr zum Aushalten war. Ich bin hier, um nach Hause zu fahren – sie aber sind hier, weil sie kein Zuhause mehr haben.

An den Treppen der Bahnsteige, an denen die Fernzüge aus dem Osten ankommen, stehen Schilder: „Herzlich willkommen!" Darunter das Logo der Berliner Stadtmission. Weitere Hinweise sind zu lesen in verschiedenen Sprachen. Wege zum WC, zu erster Erfrischung, zu ärztlicher Betreuung, zu einer ersten Registrierung, zur Vermittlung einer Unterkunft, einer Weiterreise, einer Mahlzeit ... wie wertvoll, dass es neben aller Unmenschlichkeit und Barbarei, die sie erfahren, auch noch Menschlichkeit gibt. Und ich bin dankbar, dass dort, wo die Not so offenkundig ist, auch Christen sind. Sie sind da, um zu helfen. Sie heißen die Ankommenden willkommen. Sie begleiten sie ein Stück ihres Weges. Wenigstens ein paar Schritte. Es sind Hoffnungsschritte auf Wüstenwegen.

Eine echte Offenbarung

Wenn das Jahr 2023 angebrochen sein wird, hat sich das Rad der Geschichte längst weitergedreht, und es wird sich weiterdrehen. Wer weiß, wohin. Was aber bleibt, ist gestern, heute und morgen gewiss: Die Wüstenwege in dieser Welt sind Gott nicht verborgen. Was den lebendigen Gott von allen anderen Göttern und Götzen, von Weltanschauungen und Weltbildern unterscheidet, ist dies: Er sieht. Er sieht Einzelne. Nicht nur das Weltgeschehen, nicht nur eine Masse oder Menge, nicht nur das Gewirr und Gewusel von tausend Wegen auf den Bahnhöfen dieser Welt und von tausend Leben. Er sieht mich. Das ist der Gottesname, den Hagar in der Wüste ausspricht. *„Du bist ein Gott, der mich sieht."* Sie, die Geschundene und Geflohene, die Verjagte und Vertriebene. Sie, die immer nur Sklavin war. Eine Abhängige, nie wirklich frei. Eine Vasallin. Eine Frau ohne Ansehen. Sie erfährt: Gott sieht mich. Diese Erfahrung ist eine Offenbarung.

> Die Wüstenwege in dieser Welt sind Gott nicht verborgen.

Gott sieht und sieht nicht weg, wenn es unansehnlich wird. Er hält aus. Mit uns. Aber damit nicht genug. Er belässt es nicht beim Sehen. Gott sieht nicht fern – sieht nicht nur von der Ferne aus zu. Er kommt uns nah. Mitten hinein in diese Welt. Dafür steht Jesus Christus. Weil Gott sieht und sich mit Krieg und Hass, mit Ungerechtigkeit und Unmenschlichkeit nicht abfindet, kommt er. Weil wir zu Unmenschen geworden sind, wird Gott Mensch. Weil wir Menschen immer wieder auch Kriegstreiber sind, kommt er als Friedefürst. So schafft er Frieden mit Gott und macht Frieden in der Welt möglich. Davon singen die Engel an Weihnachten: „Friede auf Erden …" – das Lied verstummt nicht, auch nicht, wenn das Unrecht zum Himmel schreit. Denn Gott sieht. Auch die Schuld. Und weil er sieht, wird er Recht schaffen und die Schuldigen zur Rechenschaft ziehen. Die Hoffnung darauf gibt Kraft, Mut und Zuversicht. Auch an diesem blau-gelben Morgen in Berlin.

Steffen Kern ist Präses des Evangelischen Gnadauer Gemeinschaftsverbandes.

Ursula Koch

Wie gut, dass der liebe Gott alles sieht!

Auf dem Regal steht eine Dose mit Keksen. Das weiß Katrin. Die Kekse schmecken wunderbar. Und irgendwie hat sie Appetit darauf. Also stellt sie sich auf die Zehenspitzen und schiebt mit dem Finger die Dose ein bisschen hin und her. Plötzlich fällt sie herunter. Dabei verteilen sich die Kekse auf dem Teppich, und eine kleine Vase aus Italien, die Papa Mama geschenkt hat, die kommt auch noch mit und zerbricht. Fassungslos starrt Katrin in den Haufen aus Scherben und Keksen.

Mama ist zur Nachbarin. „Nur ganz kurz", hat sie gesagt, aber das „ganz kurz" kommt Katrin schon wieder ziemlich lange vor. Mama hat sowieso viel zu viel zu tun, bald ist Weihnachten, deshalb auch die Kekse – und die liegen jetzt auf dem Teppich. Schnell steckt Katrin sich einen in den Mund, um wenigstens etwas Tröstliches zu haben, dann schnappt sie sich ihren Bären vom Sofa. Und jetzt?

Mama hatte heute schlechte Laune, weil Manfred, Katrins großer Bruder, wieder mit einer 5 in Mathe nach Hause gekommen ist. Da freut sie sich bestimmt nicht über den Scherbenhaufen. Schnell nimmt Katrin noch einen Keks. Sie könnte natürlich sagen: „Das war der Wind, dass die Dose heruntergefallen ist." – Kann sie nicht sagen: Alle Fenster sind zu. Oder: „Nachbars Katze." – Aber die Katze ist bei sich zu Hause. Was soll sie tun? Und außerdem: Als Manfred kürzlich die letzte Tafel Schokolade aus dem Schrank allein aufgegessen hatte und dann sagte, er sei's nicht gewesen, da hat Mama mit dem Finger gedroht:

„Lüg nicht! Der liebe Gott sieht alles."

Katrin drückt den Bären fest an sich. Aber der weiß auch keinen Rat. Also der liebe Gott hat gesehen, was sie angerichtet hat. Mama wird es auch sehen und sehr schimpfen. Vielleicht bekommt Katrin dann nichts zu Weihnachten. Und Papa? Was wird der sagen?

Katrin fängt an zu weinen und weiß, dass das auch

nichts hilft. Sie muss weg. Sie wird zu Tina laufen, die wohnt nicht weit, den Weg kennt sie, zumindest wenn es hell ist, und dann ...

Weiter denkt sie nicht, zieht den Anorak über und rennt los. Es regnet, aber es hört bestimmt gleich wieder auf. Sie steckt den Bären unter den Anorak.

Wütend reißt die Mutter die Tür des Kinderzimmers auf: Aber da ist keine Katrin. Der Papa kommt gerade nach Hause. Manfred spielt im Wohnzimmer mit seinem Handy und hat nur gegrinst, als er die Bescherung sah.

Wo ist Katrin?

Papa hört sich alles an, stellt die Aktentasche in die Ecke und seufzt. „Wir müssen sie suchen gehen. Es regnet abscheulich und wird schon dunkel."

„Sie ist bestimmt zum Spielplatz gegangen", meint Manfred. „Soll ich hinlaufen?" Auch wenn man mal eine 5 in Mathe hat, kann man eine gute Idee haben.

„Ja, such am Spielplatz! O Gott, wenn sie vom Klettergerüst gestürzt ist!"

„Ich geh mal zu Tina, vielleicht ist sie dahin gelaufen." Papa versucht, ganz ruhig zu bleiben. „Wie lange warst du denn weg?"

„Bitte jetzt keine Vorwürfe."

Die Mutter bleibt zu Hause. Es kann doch nicht sein, es kann doch nicht sein ... Wie egal sind ihr die Kekse und die Vase!

Manfred hat Katrin auf dem nassen, dunklen Spielplatz nicht gefunden. Bei Tina hat niemand aufgemacht, als Papa klingelte. Jetzt ruft er die Polizei an. „Ja, aus dem Haus gelaufen. Zwei Stunden vielleicht. Aber sie ist erst sechs Jahre!"

Mama hackt Nachrichten in ihr Handy:

„Katrin ist weg. Hat irgendjemand sie gesehen?"

Längst ist die Abendbrotzeit vorbei. Sie sitzen und warten. Tante Elisabeth ruft an – wegen Weihnachten. „Es geht jetzt nicht, ruf morgen noch mal an!"

Morgen? Was wird morgen sein?

Papa telefoniert wieder mit der Polizei: „blauer Anorak ... ein Teddybär ..."

Bei der Freundin ist niemand zu Hause.

Dann ist es wieder still, so entsetzlich still.

Endlich, endlich klingelt es. Alle drei stürzen zur Tür, Manfred reißt sie auf: Draußen steht ein kleines, sehr nasses Mädchen in eine bunte Decke gewickelt, mit einem Bären im Arm. Dahinter steht ein auch ziemlich nasser alter Mann, der versucht, seinen Schirm zusammenzuklappen. Und zwischen beiden schüttelt sich ein kleiner Hund, sodass der Flur nun auch nass wird.

„Katrin!"

Der Mutter ist alles egal.

„Kennen wir den Mann?" fragt sich der Papa. Aber hereinkommen muss er natürlich und den Mantel aufhängen und Platz nehmen, während Mama ihr Kind abtrocknet und den Bären auf die Heizung stellt.

Papa ruft die Polizei an. „Wo er sie gefunden hat, weiß ich noch nicht. … Vielen Dank!"

Der alte Mann hat bisher noch nichts gesagt. Als endlich alle sitzen, kommt endlich die Frage: „Wo war Katrin?"

„Bei mir am Zaun", sagt der Mann. „Bobo", er zeigt auf den Hund, „wurde auf einmal unruhig, jaulte, lief zur Tür, er gab einfach keine Ruhe." Papa betrachtet Bobo gerührt, und der streckt sich genüsslich auf dem Teppich aus.

„Schließlich bin ich rausgegangen und an der Tür hörte ich jemanden weinen."

„Das war ich", sagt Katrin. „Ich hab so gefroren."

„Ja, und ich wusste glücklicherweise, woher sie kommt, denn ich bin doch Tinas Großvater und habe sie öfter bei Tina gesehen."

„Tina war nicht da", ergänzt Katrin.

„Die Kleine war so nass und so kalt, dass ich sie erst einmal hereinholte. Leider hatte ich Ihre Telefonnummer nicht, aber weil ich wusste, wo Sie wohnen, sind wir schnell losgegangen. Ich dachte mir, dass Sie sich Sorgen machen."

„Es war so dunkel. Ich hab's nicht gefunden", gibt Katrin kläglich zu.

„Was für ein Glück, was für ein wunderbarer Zufall, dass sie gerade zu Ihnen gekommen ist!"

„Ach", sagt der alte Mann nachdenklich, „ich glaube nicht an den Zufall. Ich glaube, dass Gott, so groß er ist, auch kleine Mädchen dahin führt, wo sie Hilfe finden."

Katrin, auf dem Schoß der Mutter schon fast eingeschlafen, fährt plötzlich hoch:

„Ja, ich weiß: Der liebe Gott sieht alles!", und sie schaut auf den Haufen aus Scherben und Keksen und lacht glücklich.

Ursula Koch ist Schriftstellerin und Pädagogin und lebt in Berlin.

GERHARD KRÖMER

Er schickte mir zwei Engel

In meiner aktiven Pfarrerzeit (41 Jahre, ich bin seit September 2019 in Pension) war ich Mitglied in einigen christlichen Vereinen. Diese Mitarbeit war mir wichtig, weil ich so viel Einblick in die Bereiche Weltmission und soziale Verantwortung, Diakonie und Entwicklungszusammenarbeit und Gemeinschaft und glaubwürdiges Christenleben bekam. So war ich viele Jahre Mitglied und Mitarbeiter bei Wycliff Österreich, in der Österreichischen Evangelischen Allianz und in der Missionsgemeinschaft der Fackelträger Tauernhof Schladming.

Ein Verein, bei dem ich schon mehr als 30 Jahre im Vorstand bin, ist der älteste evangelische Verein in

Österreich, der Evangelische Waisenversorgungsverein Wien, gegründet 1861. Es ist ein Verein mit einer bewussten diakonischen Ausrichtung im Blick auf junge Menschen, die ihr Elternhaus verloren haben bzw. die aus welchen Gründen auch immer verhaltenskreativ auffällig geworden sind.

Es ist einige Jahre her, dass ich zu einer Vorstandssitzung des Evangelischen Waisenversorgungsvereins nach Wien gefahren bin. Die Sitzungen waren meist am Montag von 17 bis 21 Uhr. Und da ich am Dienstag normalerweise ein volles Programm in meiner Schladminger Pfarrgemeinde hatte, fuhr ich in der Regel dann nach der Sitzung wieder nach Schladming. Fahrzeit betrug drei bis vier Stunden je nach Witterung und Verkehrsaufkommen.

Ich war also an jenem Montag nach der Sitzung in Wien wieder unterwegs nach Hause. Es war nicht viel Verkehr, als ich so gegen 23.30 Uhr auf der Pyhrn-Autobahn A9 bei St. Pankraz auf einmal in meinem Rückspiegel Blaulicht wahrnahm. Ich erschrak und verringerte meine Fahrgeschwindigkeit. Die Autobahnpolizei überholte mich und wies mich mit Leuchtschrift und entsprechender Warntafel an, auf dem nächsten Parkplatz anzuhalten. Hunderte Gedanken schossen mir durch den Kopf. Bin ich zu schnell gefahren? Habe ich eine Geschwindigkeitsbegrenzung übersehen? Gab es ein Überholverbot? Ist vielleicht ein Bremslicht kaputt? Ich war total verunsichert, fuhr auf den Parkplatz, blieb stehen und schaltete das Radio aus. Ich sah, dass zwei Polizisten in dem Streifenwagen saßen und dass nun einer ausstieg und zu mir kam. Von meinem Vater, der Rechtsanwalt war, hatte ich gelernt: „Streite nie mit einem Polizisten. Der tut ja nur seine Pflicht." Ich atmete tief ein und öffnete mein Fenster. Der uniformierte Polizeibeamte grüßte mich und verlangte meinen Führerschein und meine Fahrzeugpapiere. Er kontrollierte meine Papiere mit großer Aufmerksamkeit und dann fragte er: „Wissen Sie, warum wir Sie angehalten haben?" Ich schaute ihn verlegen an und schüttelte vorsichtig den Kopf. „Ich habe keine Ahnung", sagte ich. „Nun", sagte der Polizist, „Sie sind Schlangenlinien gefahren. Wir vermuten, dass sie zu viel getrunken haben. Wir müssen jetzt einen Alkoholtest machen." Er bat mich auszusteigen. Und dann wurde mir ein Röhrchen zum Hineinblasen vor den Mund gehalten. Ich hatte erst einmal in meinem Leben so einen Test zu machen. Da ich grundsätzlich seit meinem 18. Lebensjahr keinen Alkohol trinke (Ausnahme ist die Abendmahlsfeier – außer es gibt Traubensaft), habe ich, ohne zu zögern, kräftig ins Röhrchen hineingeblasen. Das Ergebnis war eindeutig: Ich war nicht alkoholisiert. Der Polizist fragte nach: „Wo kommen sie her?" „Ich komme aus Wien von einer Vorstandssitzung", antwortete ich ihm. „Aha", sagte der Beamte, „dann vermute ich, dass sie schon zu lange fahren und eine Pause brauchen. Sie hatten offensichtlich einen Sekundenschlaf und sind deshalb in Schlangenlinien gefahren. Sie sollten jetzt eine Pause zum Schlafen einlegen und dann erst weiterfahren. Es hätte Schlimmes passieren können." Er gab mir meine Fahrzeugpapiere und verabschiedete sich.

Ich war einigermaßen benommen, ja geschockt. Damit hatte ich nicht gerechnet. Ich war kurz eingeschlafen und, Gott sei Dank, habe ich keinen Unfall verursacht. Gott sei Dank bin nicht von der Autobahn abgekommen. Der lebendige Gott hatte mich gesehen und mir Engel in der Gestalt von zwei Polizisten geschickt. So wurde ich rechtzeitig angehalten und zur Rast aufgefordert. Das hat mich vor einem schweren Unfall bewahrt. Ich faltete meine Hände und betete. Ich dankte dem Herrn Jesus Christus für seine Liebe, Fürsorge und für alle Bewahrung. Natürlich blieb ich eine Weile auf dem Parkplatz und ruhte mich aus, bevor ich die letzten siebzig Kilometer nach Schladming in Angriff nahm.

Der lebendige Gott hatte mich gesehen, nicht um mich zu tadeln oder um mich zu verurteilen, sondern um mich aus einer schlimmen Lage zu retten und mich und andere zu bewahren. Einmal mehr wurde mir bewusst: Gott sieht mich. Und in der Person von Jesus Christus, dem Sohn Gottes, ist ER bei mir alle Tage bis zum Ende der Welt.

Mag. Gerhard Krömer ist Pfarrer i. R. in Schladming/
Österreich.

Meliha aus der Südosttürkei

In der öden Wildnis begegnete Gott Hagar, der fort-
gejagten Sklavin. Kurz vorher saß sie da, verzweifelt
und wartete auf das Schlimmste. Nichts sprach für ein
gutes Ende. Sie war eine ägyptische Magd und fühlte
sich vermutlich verachtet und gehasst. Inmitten dieser
Trostlosigkeit erkennt Hagar Gott, dem ihr Elend nicht
gleichgültig ist. Gott ist es, der sie in ihrer Not sieht.
Auch Meliha (auf Deutsch: die Süße), die junge Kur-
din aus Südostanatolien, erlebte, dass sie einen himmlischen Vater hat, der sich um sie kümmert und sie sieht.
Am Anfang sah alles genauso trostlos wie bei Hagar aus:

„Ich sei eine Plage"

„Ich kam 1998 in einem kurdisch-anatolischen Dorf
nahe der iranischen Grenze zur Welt. Ich bin die älteste
Tochter meiner Familie. Nach meiner Geburt brachte
meine Mutter noch drei weitere Töchter zur Welt. Die
Oma schämte sich, dass unsere Mutter nur Töchter und
nicht einen einzigen Sohn zur Welt brachte. Am häu-
figsten nannte die Oma uns auf Kurdisch ‚Merez', d. h.
Plage!

Meine Mutter sprach selten. Eines Tages fragte ich
sie, warum denn Allah uns Mädchen erschaffen hat,
wenn wir eine ‚Plage' sind. Meine Mutter drückte mich

ganz fest und flüsterte in mein Ohr: ‚Meliha, wir Frauen haben halt ein schweres Schicksal. Damit musst du leben.' Damals war ich zehn Jahre alt und begriff, dass ein schweres Leben auf mich wartete.

Eine gescheiterte Kinderehe

2008 zogen wir nach Edirne nahe der türkisch-bulgarischen Grenze – 1500 km entfernt von der Heimat. Unser Vermieter, ein älterer Mann, stammte aus unserer Region. Ich sollte ihn heiraten. Ich war 14 Jahre alt und ging zur achten Klasse. Hinter der Tür hörte ich, wie um meine Hand angehalten wurde. Jemand sprach: ‚Wir sind hier, um eure Tochter Meliha für unseren Bruder zu werben.' Darauf antwortete mein Vater: ‚Ich gebe sie eurem Bruder!' Kurz vor der Hochzeit starb der alte Mann durch einen Herzinfarkt und ich durfte weiterhin zur Schule gehen. 2017 erwarb ich einen Studienplatz an der Fakultät der Sportwissenschaften.

„Ich wurde als christliche Missionarin beschimpft!"

Anfang 2020 wurde die Universität wegen der Corona-Pandemie geschlossen. In dieser Zeit richtete ich eine Facebook-Seite ein und schickte meinen Bekannten an Geschichten und Gedichten, was immer mir gefiel. Eines Tages kam von meiner Nichte ein schöner Spruch, den ich sofort mit allen meinen Bekannten teilte: ‚Gott ist die Liebe; und wer in der Liebe bleibt, der bleibt in Gott und Gott in ihm.' Ich hatte noch nie solch einen schönen Spruch über Gott gehört. Ich dachte, das wäre ein Koranvers und bat meine Nichte, mir zu schreiben, wo im Koran dieser schöne Spruch vorkommt.

Während ich auf ihre Antwort wartete, hagelte es an negativen Kommentaren. Ich sei eine verfluchte Missionarin, die durch Bibelverse Muslime um ihren Glauben bringen möchte. Ich war entsetzt. Der schöne Spruch war gar kein Koranvers, sondern stammte ausgerechnet aus dem Buch der Christen. Ich veröffentlichte sofort eine Entschuldigung auf Facebook und bat alle, mir diesen Fehler zu verzeihen, da ich wirklich nicht gewusst hatte, dass der Spruch ein Bibelvers war.

Manche Leser akzeptierten meine Entschuldigung. Die meisten waren aber nicht bereit, mir diesen Fehler zu verzeihen. Sie bestanden auf ihrer Behauptung, ich sei eine hinterhältige Missionarin. Solche aggressiven Reaktionen regten mich so auf, dass ich beschloss, das Evangelium der Christen zu lesen.

„Du hast eine Stunde Zeit!"

Ein paar Tage später bekam ich von meiner Nichte ein Päckchen. Darin war ein türkisches Neues Testament. Meine Nichte schrieb: ‚Liebe Meliha, es tut mir leid, dass du wegen mir von so vielen Menschen attackiert wurdest. Hiermit sende ich dir das Buch zu, wo sich der Vers befindet, den ich dir geschickt hatte. Es ist das

Wort Gottes. Ich bete für dich, dass du auch eines Tages wie ich an den Herrn Jesus glaubst.'

Das Neue Testament wurde bald zu meinem Lieblingsbuch. Meine Eltern interessierten sich nicht für meine Bücher. Sie dachten, alle meiner Bücher hätten mit meinem Studium zu tun. Das änderte sich eines Tages schlagartig, als meine jüngste Schwester das Neue Testament aus meinem Zimmer holte und laut daraus las. Mein Vater riss es aus ihrer Hand und fragte mich: ,Gehört dir dieses Evangelium?' Ich sagte: ,Ja, das ist mein Buch.' Er fragte, ob ich eine Christin geworden sei. Aus Trotz sagte ich: ,Ja!', obwohl es natürlich nicht stimmte.

Mein Vater war außer sich vor Wut. Meine Mutter griff ein und hinderte ihn daran, mich zu schlagen. ,Du hast eine Stunde Zeit', sagte er. ,Entweder entschuldigst du dich für deine Unverschämtheit und tust Buße oder du verschwindest aus meinem Haus!'

„Jesus liebt mich!"

Ich war genauso wütend: ,Wenn das so ist, dann verlasse ich sofort dieses Haus'. Ich sammelte ein paar Sachen. Meine Mutter gab mir heimlich etwas Geld. Bevor ich das Haus verließ, nahm ich mit, was vom zerrissenen Neuen Testament übrig blieb. Ich stieg in den nächsten Bus ein und fuhr nach Adana, wo meine Nichte lebte. Das war eine Fahrt von 18 Stunden! Ich las dabei die zerrissenen Blätter des Neuen Testaments durch und betete. Ich merkte, dass Gott mich liebt, auch wenn ich kein Mann bin. Als es kurz vor Adana dunkel wurde, merkte ich, wie glücklich ich bin! Was in mir vor sich ging, wusste ich nicht. Ich dankte Jesus Christus, dass er mich liebt."

Durch das Evangelium erfuhr Meliha: „Ich bin in meinen Nöten und Sorgen nicht allein. Ich habe einen himmlischen Vater, der mich sieht und behütet."

Martin Landmesser ist Missionsleiter der Evangelischen Karmelmission.

CORNELIA MACK

Hinter der Fassade

Damals bei Hagar war das sehr beeindruckend. Hagar machte die Erfahrung, dass sie nicht vergessen ist. Sie wurde gesehen von Gott in ihrem Elend und ihrer Verzweiflung.

Doch wie ist es heute? Sieht Gott auch uns heute?

„Den Gott kann man nicht sehen", sagt unser Enkel mit fast fünf Jahren aus dem Brustton der Überzeugung. Eine längere „Diskussion" entspannt sich danach. „Ja, Gott kann man nicht sehen" – das war das Ergebnis unseres Gespräches. „Aber es gibt ihn trotzdem – und was ja noch wichtiger ist: Er kann uns sehen."

Wollen wir uns denn sehen lassen von Gott? Oder ist uns das unangenehm, wenn Gott uns ins Innerste sieht? Wenn er das Verborgene und Geheime sieht? Hinter die Fassade? Tatsächlich macht manchen Menschen der Gedanke daran Angst, dass Gott in uns hineinsehen kann. Und das kann ja tatsächlich auch unangenehm sein. Denn da ist ja nicht nur Gutes, Schönes und Erfreuliches in uns, da sind auch Schuld und Scham, da kann Demütigung oder Verletzung sein.

Vor einigen Jahren waren wir mit unserer Familie in den Bavaria Filmstudios. Beeindruckend ist das ja schon. Da sind für die Außenaufnahmen ganze Straßenzüge aufgebaut – mit Briefkästen, Straßenlaternen, Fußwegen, Zebrastreifen, Vorgärten. Hübsch anzusehen ist das. Und erst recht die Häuser: schmuck und freundlich hergerichtet. Ich habe mich damals gefragt, wie es wohl wäre, hier zu wohnen? Sicher nicht besonders gemütlich. Denn es sind Fassadenhäuser. Geht man in eine Tür hinein, ist dahinter – nichts. Ein Bauzaun, manchmal eine Bauleiter, um im ersten Stock auf den Balkon zu treten oder aus dem Fenster zu schauen. Wohnlich ist das nicht.

Dieses Erlebnis ist mir zum Bild des geistlichen Lebens geworden. Gott sieht hinter meine Fassade, er sieht auch das Unwohnliche und das Schwierige, die Fragen, die Kälte, Einsamkeit und Dunkelheit, Traurigkeit und Hoffnungslosigkeit. Doch dabei will er es nicht belassen, er will es wohnlich machen in meinem Haus, er will, dass ich gerne bei mir zu Hause bin. Er will mit mir wohnen. Und wo er wohnt, ist es wohnlich. Wo er ist, ist es hell, warm, geborgen, sicher.

Doch damit dies geschieht, muss Gott erst mal hinein dürfen – ins Dunkle und Verwundete, Verletzte und Belastete. Wir können ihn einladen und ihm es erlauben, in die unaufgeräumten oder leeren Stellen meines Lebens zu kommen.

„Komm Heiliger Geist und erleuchte meine Seele, räume aus, was stört und ins Dunkle zieht." Solche Begegnungen mit Gott, der dort hineinsieht, können auch sehr schmerzlich und schwer sein. Ein heilsamer und therapeutischer Prozess beginnt immer dann, wenn Gott mit mir zusammen in meinem Leben die wunden und kaputten Stellen anschauen und heil und hell machen darf. Wo das nicht geschieht bleibt vieles Fassade: äußerlich, oberflächlich.

Wenn aber zu viel kaputt und dunkel ist, dann bin ich in meinem Leben auch nicht wirklich entspannt und freundlich unterwegs. Denn dann muss ich ja immer Angst haben, dass jemand entdeckt, dass es hinter der Fassade nicht so wirklich toll ist.

Oft sind Menschen mit vielen Lebenswunden auch sehr aggressiv. Ein Mann schrieb einmal vor seinem Suizid: *Ich kann es nicht mehr mit ansehen, wie sehr ich euch alle dauernd verletze. Dabei bin ich doch selber so verletzt, darum weiß ich keinen anderen Weg mehr, als meinem Leben ein Ende zu setzen. Dann hat es ein Ende mit meinen Verletzungen an euch.*"

Je mehr Verletzungen ein Mensch hat, desto aggressiver reagiert er, aber desto liebebedürftiger ist er auch. Wenn ein Mensch viele Verletzungen hat, dann baut er Mauern um sich herum. Es ist so, als ob ein Mensch sich eingemauert hat hinter seiner Fassade. Er bewirft mit Steinen oder Dreck alle, die der Fassade zu nahe kommen. Aber hinter den Mauern sitzt ein Mensch, der eigentlich tief traurig und verletzt ist und Hilfe bräuchte, der heraus will aus seinem Versteck. Aber er wagt es nicht, weil dann die ganzen Lebenswunden sichtbar werden würden.

Was hilft da? Am besten die Einladung an Jesus: Komm hinter die Fassade. Komm und sieh, wie es in mir aussieht. Komm und sieh den Schmerz.

Und was passiert dann? Jesus kommt. Und er sieht. Er macht erst mal Bestandsaufnahme. Die Wahrheit muss ans Licht. Das ist erst mal sehr schmerzlich. Aber dabei belässt er es nicht. Er leidet mit. Er weint mit. Und er nimmt den Menschen, der sich hinter seiner Fassade von Wut und Angst versteckt hat, auf seinen Schoß und hält ihn fest. Er segnet, er rührt die Wunden an.

Er kommt mit seinem heilsamen Licht.

Wo er Schuld aufdecken darf, schenkt er Vergebung.

Wo er angetanes Unrecht entdeckt, gibt er neue Würde.

Wo er Demütigungen sieht, spricht er Trost zu.

Wo er Sinnlosigkeit findet, beruft er neu.

Wie gut, dass Jesus einen ganz anderen Blick auf unser Leben hat als wir selbst.

Darum: Will ich mich sehen lassen? Wenn ja, hat das

heilsame Veränderung zur Folge. Das Fassadenhaus wird wohnlich und gemütlich.

Denn Jesus baut dieses Haus mit mir um. Er macht es wirklich wohnlich und hell. Dann ist es kein Fassadenhaus mehr, in dem es zugig und kalt ist, sondern es wird gemütlich und sicher, es wird hell und ausgeschmückt. Ein Ort, an dem man gerne zu Hause ist.

„Den Gott kann man nicht sehen" – ja mag sein, aber man kann ihn erfahren und erleben mit seiner heilenden Gegenwart, seiner Auferstehungskraft.

Er sieht uns, das ist wichtiger als ihn zu sehen. So wie Christus den Menschen in der Bibel begegnet ist und sie in ihrer Not und ihrem Leid gesehen hat, so sieht er auch uns heute. Er kommt in diese arme Welt, er macht sich auf in unsere Ärmlichkeit, um bei uns zu wohnen. Romano Guardini fasste es ind die Worte: „Immerfort empfange ich mich aus Deiner Hand. Das ist meine Wahrheit und meine Freude. Immerfort blickt Dein Auge mich an, und ich lebe aus Deinem Blick, Du mein Schöpfer und mein Heil. Lehre mich, in der Stille Deiner Gegenwart das Geheimnis zu verstehen, dass ich bin. Und dass ich bin durch Dich und vor Dir und für Dich."

Cornelia Mack ist Autorin und Referentin und arbeitet als Beraterin und Seelsorgerin in Filderstadt.

Weil du mich siehst, bin ich!

Als Kind erkannte man mich schon von Ferne an meiner Hautfarbe: Das ist der Sohn des Pfarrers. Das war besonders blöd, wenn ich beim heimlichen Zigarettenrauchen oder beim Zündeln an einem Dornbusch erwischt wurde. Meine Eltern dienten mehrere Jahrzehnte der Setswana sprechenden lutherischen Kirche in Südafrika, und so lebten wir im Busch, am Rande eines Dorfes, wo wir im Umkreis von mehreren Kilometern die einzigen Weißen waren. Auch wenn ich die Sprache unserer Nachbarn perfekt beherrschte, fiel es jedem auf, dass ich ein „lekgoa" („Weißer") bin. Manchmal wünschte ich mir, einfach nicht gesehen zu werden.

Im Spiegel der anderen

Sehen und gesehen werden gehört wohl zum prägendsten Paradigma unserer Zeit. Die sozialen Medien „leben" von dem Prinzip, gesehen zu werden. Je mehr jemand gesehen wird und/oder je intimer der gewährte Einblick, umso höher sein „sozialer Wert". Mit dieser sozialen Währung lässt sich viel handfestes Geld verdienen. Es gilt schon längst nicht mehr der Grundsatz „Ich denke, also bin ich" (Descartes), sondern eher „Ich werde gesehen, also bin ich." Etwas sein wollen gehört zu den tiefsten Bedürfnissen des Menschen, die nach Antwort und Befriedigung suchen. Doch woher nehmen, wenn nicht stehlen? Woher bekommen, ohne zu manipulieren?

Der jüdische Religionsphilosoph Martin Buber formulierte es treffend: „Der Mensch wird erst am Du zum Ich." Gemeint ist hier ein lebendiges, authentisches und reales Du. Nicht das willkürliche, flüchtige, auf „Likes" ausgerichtete Du der sozialen Medien. Unsere ganze Identität hängt davon ab, von einem Du gesehen zu werden. Ein Kleinkind kann ohne dieses Gesehenwerden nicht überleben: Am Du von Vater und Mutter wird ein Mensch zum Ich. Im Du kann ein Kind seine Freude und Frustration spiegeln und lernen damit umzugehen. Das Leben ist ein permanentes Wachsen und Reifen an einem Du, viel mehr aber noch an dem göttlichen Du.

*„Der Mensch wird erst am Du zum Ich."
(Martin Buber)*

In Gottes Resonanzraum treten

Ist es nicht wunderbar, dass wir einen Gott haben, der von sich sagt: ICH BIN (2. Mose 3,14)? Weil Gott ICH sagt, können wir in die Jahreslosung einstimmen: *„Du bist ein Gott, der mich sieht."* Weil ER ist, kann auch ich sein.

Wie ist es aber mit dem Gesehenwerden von Gott? Wollen wir wirklich von Gott „ganz" gesehen werden? Ist das nicht unheimlich oder gar bedrohlich? Sieht es im eigenen Herzen nicht manchmal ziemlich dunkel, finster und böse aus? Und wie soll das gelingen, was im jüdischen Glaubensbekenntnis, dem *Sch'ma Israel,* steht: „Du sollst den Herrn deinen Gott lieben, von ganzer Seele, von ganzem Herzen und mit all deiner Kraft"? Ich kann doch Gott nicht mit ganzem Herzen lieben, wenn das Herz geteilt ist in Licht und Schatten, Wohlwollen und Misstrauen. Oder vielleicht doch? Einen befreienden Blick liefert uns die Mischna, eine der ersten und wichtigsten Verschriftlichungen der mündlichen Gesetzesauslegung der Rabbinen: „Von ganzem Herzen heißt: mit beiden Trieben, dem guten und dem bösen." Wenn wir einen Gott haben, der uns sieht, dann darf und soll beides vor Gottes Augen-Blick sein. Licht und Schatten im Herzen gehören in die Gegenwart Gottes. Denn nur dann kann das Dunkle verwandelt und das Zerbrochene geheilt werden. Und ja, das Richtig-Machen im Glauben mag eine schöne und erstrebenswerte Sache sein. Viel besser aber ist das Aufrichtig-Sein vor Gott, weil es Scheitern und Fehlbarkeit erlaubt. Nicht unsere Richtigkeiten bringen uns in den Himmel, sondern das aufrichtige Herz. Denn wenn wir uns anblicken lassen und selber aufblicken, dann gilt das Wort des Psalmisten: „Die auf ihn sehen, werden strahlen vor Freude, und ihr Angesicht soll nicht schamrot werden (Psalm 34,6).

Weil du es bist

Doch wie ging meine Geschichte weiter? „Pfarrers Kinder, Müllers Vieh geraten selten oder nie"? Mit 19 Jahren kam ich nach Deutschland: Mit langen Haaren und

Ohrringen und einer Leidenschaft für Zigaretten und Heavy-Metal-Musik war ich der Existenz Gottes gegenüber ziemlich gleichgültig. Durch eigene Faulheit, mütterliche Führung und göttliche Fügung landete ich in einer christlichen Lebensgemeinschaft im hessischen Odenwald, die mich herzlich aufnahm. Nach wenigen Tagen des Mitlebens war mir klar: Mit denen werde ich schon fertig. Unklar war mir, dass Gott mit mir noch nicht fertig war. In einem fast gewöhnlichen liturgischen Abendgebet traf mich sein Blick überraschend tief ins Herz. Seitdem kann ich sagen: Weil du mich siehst, oh Herr, bin ich! Es war dieser Augen-Blick Gottes, der alles veränderte und mich sechzehn Jahre später sogar zum Prior dieser ökumenischen Kommunität einsetzte.

Die Jahreslosung, *„Du bist ein Gott, der mich sieht"* (1. Mose 16,13), ist die Einladung an uns, die Augen-Blicke Gottes auf uns wirken zu lassen. Dazu braucht es nicht viel: nur einen Ort der Ruhe, ein erwartungsfrohes Herz und den Blick nach oben.

Konstantin Mascher ist Prior der ökumenischen Kommunität Offensiver Junger Christen (OJC) in Reichelsheim, Greifswald und Gotha. Geboren und aufgewachsen in Südafrika, erlebte er die Apartheid und Wendezeit hautnah mit.

Das Bett unter dem Fenster

Sie ist zweiundzwanzig und hat Knochenkrebs. „Das wird nichts mehr", behaupten die Ärzte. „Es geht dem Ende zu", sagt ihre jüngere Schwester. Und auch mir ist klar: Unsere Freundin wird das Hospital nicht lebend verlassen.

Also fahre ich los, um mich zu verabschieden. Panik macht sich breit – was soll ich einem jungen Menschen sagen, der so viele Pläne für die Zukunft hat? Einer jungen Frau, die von Familie, Glück und Liebe träumt? Eine, die an Jesus glaubt und ihm alles zutraut?

Auf der Fahrt ins Spital suche ich nach Zeichen und Möglichkeiten, mich aus der Verantwortung zu stehlen. Bloß nicht in das Zimmer des Todes eintreten müssen! Bloß nicht mit dem Leid konfrontiert werden!

Ich fahre weiter.

Wir kennen uns schon lange.

Es ist so einfach, über das Leben und den Glauben zu philosophieren, wenn es einigermaßen läuft:

Stress im Alltag? Komm wir beten. Wird schon irgendwie.

Zweifel? Das gehört dazu und Jesus liebt die Zweifler. Oder so.

Straßeneinsätze? Passanten einen Flyer in die Hand drücken, Small Talk, vielleicht ein Gebet. Und hinterher: geflasht vom Erlebten.

Aber Krebs im Endstadium? Im eigenen Körper? Wo ist dieser Jesus der vergangenen (Glaubens-)Jahre? *„Du bist ein Gott, der mich sieht"* – sieht Jesus, wer hier mit dem Tod kämpft? Warum lässt er es zu? Sieht er mich, der ich den Fluchtreflex kaum mehr unterdrücken kann?

Das Leben ist mehr als ein Verteileinsatz.

Shit! Vor dem Hospital kann ich mir den Parkplatz aussuchen. Das ist NICHT normal!

Der Aufzug bringt mich in den sechsten Stock. Es ist still. Eine Krankenschwester hebt den Kopf und nickt mir zu. Dann stehe ich vor ihrer Tür. Die Warnlampen kleben kalt und dunkel über der Tür – wieder eine Hoffnungsblase, die's zerreißt. „Brennt die rote Lampe, drehst du um und fährst nach Hause", so mein Plan.

Aber da ist keine Visite. Noch nicht mal eine Putzfrau feudelt durch das Zimmer.

Ich klopfe.

Kein Laut.

Noch einmal.

Nichts.

Ist sie schon …?!?

Ich will es wissen, drücke die Klinke und stehe im Raum. Ein Bett. Direkt unter dem Fenster. Sie liegt dort. Sie schläft. Gott sei Dank!

Ich drehe mich um und will schnell fort.

„Thommy?"

Sie ist wach.

„Setz dich zu mir", flüstert sie und zeigt auf einen Stuhl. Mir ist schlecht. Ihr Aussehen … so anders, so zerbrechlich. Warum denke ich gerade jetzt ans Beamen in der Enterprise? Sie löst sich auf! Das ist es. Der Transport in eine andere Welt ist beinahe abgeschlossen. Das bisschen Restkörper dort im Bett ist nicht die Frau, mit der ich noch vor Kurzem diskutiert und gelacht habe.

Sie streckt mir ihre Hand entgegen und ich halte mich daran fest.

„Ich weiß nicht …", stottere ich in die Stille. Der Kloß im Hals wird immer fetter.

Sie lächelt und zeigt auf ihre kleine braune Bibel.

„Kann ich?" …, flüstert sie, „… was vorlesen?"

Es war keine Frage und deshalb verzichte ich auf eine Antwort.

Sie hat auch keine erwartet.

Das Blättern in den dünnen Seiten fällt ihr schwer. Sie muss husten, verschluckt sich und schnauft heftig.

„Der Herr ist mein Hirte!", krächzt sie nach einer Weile.

Ich muss heftig durchatmen. Schon wieder.

„Mir wird nichts mangeln."

Sie sucht nach meiner Hand.

„Und wenn ich auch wandere im finsteren Tal, so bist du bei mir! Dein Stecken und Stab trösten mich."

Der Engel im Bett macht eine kleine Verschnaufpause. Schon längst haben wir das Krankenzimmer hinter uns gelassen. In unserer Welt müssen Trauer und Schmerz draußen bleiben. Die Worte aus der Ewigkeit sorgen für ein unbeschreibliches Glück! Ich lächle und es ist mir überhaupt nicht peinlich. Sie lächelt zurück.

„Du bereitest mir einen Tisch im Angesicht meiner Feinde."

Ist das noch der Psalm 23, aus dem sie mir vorliest, oder gewährt sie mir gerade einen heimlichen Blick hinter den Vorhang, der die sichtbare von der unsichtbaren Welt trennt? Von welchen Feinden spricht sie? Wie sieht der Tisch aus, an dem sie sitzt? Was IST auf dem Tisch? Wer ist noch dabei?

„Nur Güte und Gnade werden mir folgen mein Leben lang."

Mit geschlossenen Augen liegt sie da und ich werde den Verdacht nicht los, dass sie gerade jetzt ihrem Retter gegenübersitzt.

„Und ich werde bleiben im Haus des Herrn immerdar."

Ein leises, krächzendes, verschleimtes Siegesgeflüster.

Eine Sterbende tröstet den Lebenden. Und der Lebende wird diese Minuten nie mehr vergessen.

Bis heute bin ich davon überzeugt, dass sie um keine Heilung dieser Welt in ihren gesunden Alltag zurückkehren wollte. Gott hat sie gesehen. Jetzt sieht sie ihn!

In diesen Tagen stürzen vermeintliche Sicherheiten wie Kartenhäuser in sich zusammen. Der Auslöser dafür ist bekannt. Corona, Covid-19, das Virus. Furcht einflößende Namen. Unsicherheiten verbreitend. Geliebte Menschen sind plötzlich außer Reichweite. Sterbende werden von ihren Kindern und Freunden an der Notaufnahme wie herrenlose Hunde abgegeben. Das Virus enttarnt die sicher geglaubte Zukunftsvision: Unserem Gedankengebäude fehlt das Fundament. Und mitten drin in dieser Krise plötzlich ein schrecklicher Krieg, mitten in Europa. Sinnloser Tod.

Demgegenüber bekennen Christen ihren Glauben; sie sprechen von „dem Fundament schlechthin": dem Sieg von Jesus über den Tod ... seiner Auferstehung ... der Rückkehr ins Leben.

Es ist auch ein Sieg über die Angst, die Unsicherheit und die Einsamkeit. Es ist ein Sieg für das Leben. Und kein Virus und kein Krieg kann dieses Leben aufhalten.

Die unsichtbaren Feinde können uns bis zur Todesgrenze vor sich hertreiben; sie können uns drohen, Zweifel säen und uns Horrorgeschichten von der Dunkelheit ins Ohr wispern.

Doch auch an der Grenze zwischen Leben und Tod hat Jesus das letzte Wort. Er ist der Bestimmer.

Never forget: Wer den Tod besiegt hat, lässt sich nicht von einem Virus aufs Kreuz legen und der ist mit Kriegswaffen nicht zu besiegen.

Die Tür zum „Haus des Herrn" steht sperrangelweit offen. Der übervolle Tisch ist keine Theorie. Genauso wenig Jesus, der uns durch seinen Sieg über den Tod ewiges Leben möglich macht. „Wer an mich glaubt", sagt der Sohn Gottes, „der wird leben, auch dann, wenn er gestorben ist."

Was für eine schöne Aussicht!

Thomas Meyerhöfer ist Filmemacher, Radiomoderator, Blogger und Autor.

JÖRG MICHEL

Geflohen – gesehen – gestaunt: mit Gott zu Gott umgekehrt

Das Staunen hat mich schon immer fasziniert – um nicht zu sagen: erstaunt. Es ist ein Hin- und Hergerissensein von bewundern, starren, es nicht fassen können, überrascht sein. Und trotz, oder vielleicht auch gerade wegen dieser Mischung und des intensiven gedanklichen Verarbeitens ist es ein angenehmer, positiver Vorgang, oftmals mit tiefen Lerneffekten und großen Folgen verbunden.

Gestaunt habe ich viel in meinem Leben. „Sternstunden" des Erfahrens von Wundern fallen oft zusammen mit Naturerlebnissen. Ob als Kind im Wald, den wir oft aufsuchten, sei es zum Spaziergang mit der Großmutter oder mit Freunden, um Abenteuer zu erleben oder um auszutesten, wie geländegängig das Fahrrad war – lange bevor ein sogenanntes Mountainbike überhaupt erfunden wurde. Es hat lange gedauert, bis der den Wald mit seinem Fahrrad traktierende Junge aus seinem frühen Staunen den Lerneffekt ziehen konnte, dass es sich bei der Welt und der Natur um Gottes gute Schöpfung handelt. Heute sind es unter anderem die Momente der Stille in der Natur, ganz früh, noch vor dem Sonnenaufgang oder spät, schon lange nach der Dämmerung. Staunen über die Farben und Formen in Gottes guter Schöpfung; über Flora und Fauna in all ihren Ausprägungen; über Düfte und Geräusche; über ein grandioses Ganzes, das seine Schönheit zu zeigen noch in den kleinsten Details gewillt ist.

Erstaunt hat mich auch Hagar, die ägyptische Magd Abrams, die, schwanger, vor der Demütigung durch Abrams Frau Sarai floh. Das Resultat einer typisch menschlichen Entwicklung. Es wird geplant (Hagar soll Nachwuchs für Abram gebären), umgesetzt und schon treten die ach so menschlichen Eigenschaften in der gefallenen Welt hervor: Eigennutz, Dünkel, Neid ... Wer kennte es nicht? Und damit treten zusätzliche Probleme auf den Plan, die Aufmerksamkeit und Energie fordern. Das, zumindest, erstaunt nicht. Das Staunen setzt für mich gleich danach wieder ein: Kein menschlicher Suchtrupp macht sich auf ihre Fährte. Ein Engel ist es, der sie in der Wüste findet! Hagar begreift sehr rasch, dass es sich um den lebendigen Gott handelt, der sie sieht. Der darüber hinaus mit ihr redet und ihr den weiteren Weg weist wie auch mit Verheißungen füllt.

Der lebendige Gott zeigt sich als einer, der in Momenten der Einsamkeit und des (vermeintlichen) Unglücks ein sich zuwendender Gott ist. Er zeigt sich als ein Gott, der darüber hinaus auf die in dem vermeintlichen Unglück liegenden Möglichkeiten seiner Wege hinweist. Der dazu noch aufzeigt, dass seine Wege unergründlich für uns sind – doch voller Bedeutung und in seiner Liebe uns zugedacht. Erstaunlich!

Ein Gedanke ist mir sehr präsent, wenn ich über dieses Staunen über Gottes Suche nachsinne: Die Barmherzigkeit unseres Gottes ist wirklich unergründlich. Selbst mir, einem weder christlich erzogenen, noch zu dieser Zeit gläubigen Menschen lief er doch tatsächlich hinterher. Und fand auch mich in einer Wüstenzeit meines Lebens, um mich zu fragen: „Jörg, wo kommst du her und wo willst du hin?" Viele meiner früheren Suchbewegungen, einen Sinn hinter der Welt zu erkennen, kreisten um ihn – teils, ohne ihn zu erkennen, teils, ohne ihn anzunehmen. Sein Aufsuchen, sein mich Ansehen, hat ganz und gar alles entscheidend verändert. Ein schwerer, scheinbar undurchdringlicher Vorhang war weggenommen und die Sicht auf die Wahrheit und die Wirklichkeit von Gottes Schöpfung wurde möglich. Da ist mir Erbarmung widerfahren!

Wie weiter, nachdem ich feststellen durfte, dass es Gott selbst ist, der mich sieht und sich meiner erbarmt? Angesehen werden bedeutet hinzusehen auf den, der einen anschaut. Gott, dem wir nicht ins Gesicht schauen können, gibt uns dennoch ein sehr genaues Bild von sich. In Christus, in der Heiligen Schrift, wie auch in der Weitergabe wichtiger Überlieferungen kann ich erkennen, was Gottes Wille für mich ist. Die Platzanweisung Gottes für mich und mein Leben zu ergründen und dann auch anzunehmen sind Schritte, die Hagar gleichfalls durchgemacht hat. Zurück aus der Wüste, Gottes Blick und Wort mitnehmend.

„Ich will dich unterweisen und dir den Weg zeigen, den du gehen sollst; ich will dich mit meinen Augen leiten" (Ps 32,8). Das ist seitdem eine meiner Aufgaben: Den

Blick Gottes suchen, um mich, an seinem Wort orientiert, leiten zu lassen. Das beseitigt nicht die Fragezeichen; es führt vielmehr zu den richtigen und wichtigen Fragezeichen an den verschiedenen Wegmarken meines Lebens. An Gott zu glauben verändert auch dahingehend, dass ich zum Träger von Werten werde, die oft nicht mit der Mode und der Meinung des Augenblicks übereinstimmen. Dies verlangt dann von mir, Kriterien und Verhaltensweisen anzunehmen, die nicht zum allgemein verbreiteten Denken gehören. Vertrauen darf ich auf den, der mich dabei ansieht: Gott, Vater, Sohn und Heiliger Geist.

„Du bist ein Gott, der mich sieht." Erstaunlich? Ja, sehr! Und doch, Gott sei Lob, Preis und Dank, auch ganz normal!

Dr. Jörg Michel, Chemnitz, ist Inspektor des Landesverbands Landeskirchlicher Gemeinschaften Sachsen e. V.

CHRISTOPH MORGNER

„Der schönste Liebesbrief des Universums"

Es geschah in Istanbul auf einer großen Buchmesse. Dort hatte die evangelische Karmelmission einen kleinen Stand aufgebaut. Eine bekannte Dichterin und Kinderbuchautorin kam vorbei und interessierte sich für die Angebote. Eine überzeugte Muslimin. Sie versuchte, das christliche Personal zum Islam zu bekehren: „Der Islam ist eine Religion der Liebe und des Friedens. Mohammed hat keinem Menschen etwas Böses angetan." Es kam zu einem kleinen Gespräch, in dem man sich naturgemäß nicht einig wurde. Kurzerhand schenkte man ihr ein Neues Testament.

Einige Monate später kam die Dichterin erneut vorbei. Diesmal war sie kaum wiederzuerkennen. Ohne die streng islamische Kopfbedeckung. Sie sagte: „Ich will mich kurzfassen. Ich bin hier, um euch zu danken. Ihr habt mir auf der Buchmesse den schönsten Liebesbrief des Universums geschenkt. In diesem schönsten Liebesbrief begegnete mir mein Gott und Heiland Jesus Christus."

Dann berichtete sie weiter: „Kaum saß ich zu Hause am Arbeitstisch, fing ich an, das Neue Testament durchzulesen. Ich las und las und las. Solch ein Buch hatte ich noch nie gelesen. Ich konnte nicht aufhören zu lesen, weil ich dabei alle meine Sorgen vergaß und einen tiefen Frieden in mir empfand. Heute bin ich vielleicht der glücklichste Mensch in der Türkei. Jesus, der Sohn Gottes, ist mein Herr und Tröster. Kann man ein größeres Glück haben?"

Das ist vor ca. zwei Jahren passiert. Jemand entdeckt seinen Gott und Heiland. Aus dem Neuen Testament kommt ihm lauter Liebe entgegen. Denn Jesus ist nicht in die Welt gekommen, um Liebe zu fordern, sondern sie uns zu bringen. Was für ein Glück, ihn zu entdecken und den Gott zu erleben, der uns ansieht und uns in sein Herz geschlossen hat!

Die türkische Frau hat erfasst, was Christsein ausmacht: von Gott geliebt zu werden und ihn zu lieben. Dieses herzliche Verhältnis ist das Markenzeichen unseres christlichen Glaubens. Weil Gott uns ins Herz geschlossen hat, schaut er nach uns aus. Er sehnt sich nach uns.

So erlebt es bereits im Alten Testament die schwangere Hagar, die von Abrams Frau Sarai gedemütigt wird. Sie reißt aus und landet bei einer Wasserquelle in der Wüste. Dort dämmert ihr *„Du bist ein Gott, der mich sieht.* Wo Menschen mich enttäuschen und ich selber an mir zweifele, steht das fest: Gott sieht mich. Er nimmt mich und meine Lage wahr und stößt mir Türen in die Zukunft auf." Nun kann sie ihr Kind zur Welt bringen. Alles wird gut.

Wo Gott uns ansieht, gehen uns tausend Lichter auf. So wird uns das quer durchs Neue Testament bezeugt. So schildern es uns die vielfältigen Erfahrungen der Christenheit. Und jedes Mal kommt Staunen auf und bricht sich die Freude Bahn. So erleben wir es gegenwärtig in vielen Bereichen der muslimischen Welt. Dort ist christlicher Glaube meist streng untersagt. Wehe dem, der sich zu Jesus bekennt! Und dennoch erstaunt es mich immer wieder, wie Muslime auf wundersame Weise Jesus entdecken und zum Glauben finden. Manche berichten von Träumen, in denen ihnen Jesus erschienen ist. Die haben sie neugierig gemacht und auf die Spur gesetzt, nun mehr über Jesus zu erfahren. Unsere christlichen Missionsgesellschaften haben ein offenes Auge für solche Menschen und unterstützen sie – meist unter der Hand – mit Bibeln und christlichen Schriften.

Als besonders segensreich erweisen sich hier die neuen digitalen Medien, denen ich als älterer Mensch eher etwas skeptisch gegenüberstehe. Die meisten sind mir ein Böhmisches Dorf, aber durch sie kommt vielfach die frohe Botschaft oft auch dorthin, wo sie verboten ist.

Gerade Muslime empfinden die christliche Botschaft von der Liebe Gottes zu uns als etwas Neues und Befreiendes. Denn im Islam kann von göttlicher Liebe keine Rede sein. Allah thront über allem, er beobachtet, droht und straft. Er ist weise und erhaben, unfassbar und gewaltig. Zwischen ihm und den Gläubigen ein inniges Verhältnis der Liebe? Undenkbar.

So hat es ein Diakon der Berliner Stadtmission erlebt. Für seine muslimischen Jugendlichen in einem Berliner Stadtbezirk hat er ein großes poppiges Plakat besorgt, das er im Klubraum aufhängen will. Darauf steht mit fetten Buchstaben: „Gott ist unser guter Freund." „Da sprangen meine Leute im Karree", berichtete er. „Das stimmt nicht! Nimm das Plakat runter!" Umso lieber hat der Diakon die Chance genutzt, von dem Gott zu erzählen, der uns in Jesus zum Freund geworden ist, der uns sieht, der uns ernst nimmt, der mit uns fühlt und auf uns eingeht.

Ähnliche Erfahrungen hat die Mitarbeiterin in einem

Kindergottesdienst gemacht. Davon hat sie mir berichtet. Auf ihre Botschaft „Gott ist Liebe" reagierte ein muslimisches Kind abwehrend: „Nein, Gott ist groß." Alle Versuche, dem Kind Gott als einen Gott der Liebe ans Herz zu legen, schlugen fehl. Leider vergebliche Liebesmüh!

Was ist es für ein Glück, Christ zu sein! Den Gott zu erleben, der uns mit Liebe ansieht und uns das Herz abgewinnen will. Die Muslimin auf der Büchermesse in Istanbul hat das erlebt. Ich wünsche mir und bete dafür, dass es vielen anderen auch so geht.

Dr. Christoph Morgner, Garbsen, war bis 2009 Präses des Evangelischen Gnadauer Gemeinschaftsverbandes.

Luitgardis Parasie

Gott sieht dreifach

„Bedanken Sie sich eine Etage höher"

Die alte Dame war viel krank. Das ging schon seit 30 Jahren so. Harte Arbeit in der Landwirtschaft, die Gelenke machten nicht mehr mit, sie litt ständig unter Schmerzen. Jedes Jahr fuhr sie mit ihrem Mann zur Kur, das half ein bisschen. Aber im Alter wurde es schlimmer. Ihr Mann und ihre beiden Töchter kümmerten sich liebevoll um sie. Oft konnte sie gar nicht mehr aus dem Haus. Deshalb maß ich dem keine große Bedeutung bei, als die ältere Tochter mir irgendwann erzählte: „Meiner Mutter geht es gar nicht gut." Ich vergaß es sofort wieder, denn es war aus meiner Sicht nichts Neues. Doch ein paar Tage später hatte ich morgens plötzlich den Impuls: Du musst Frau K. besuchen. Beide Töchter öffnen mir die Haustür, wundern sich. „Woher wussten Sie, dass unsere Mutter im Sterben liegt?" Wusste ich nicht, da war nur dieses Gefühl gewesen: Du solltest dort hingehen. Die alte Dame ist wach und klar orientiert. Sie sagt: „Ich schaffe es nicht. Ich möchte nicht sterben, aber ich spüre, es reicht nicht mehr." Frau K. wurde getragen von großer Liebe ihres Mannes, ihrer Töchter, aber sie weiß: Den letzten Schritt muss sie alleine gehen. Unsre menschliche Liebe endet an der Todesgrenze. Ich erzähle ihr von Jesus. Seine Liebe ist stärker als der Tod. Er reicht ihr die Hand und will sie herüberführen über diese Grenze. Zu Gott, wo sie wieder laufen kann ohne Schmerzen. Am Schluss bete ich mit ihr Psalm 23 und das Vaterunser. „So offen hat sie noch nie über ihren Tod gesprochen", sagen die Töchter. Am Abend rufen sie an: „Unsere Mutter ist gestorben." Sie sind berührt: „Danke, dass Sie da waren. Das hat ihr geholfen loszulassen und zu gehen." Ich antworte: „Bedanken Sie sich eine Etage höher. Ich glaube, Gott hat mich geschickt."

„Du bist ein Gott, der mich sieht." Wie gut, dass Gott

Frau K. im Blick hatte, denn ich hatte es nicht. Er hat mich angestupst und auf den Weg zu ihr gebracht. Ich bin so dankbar.

„Sie beten für mich"

Gottes Geschichte mit Frau K. und ihrer Familie ging noch weiter. Im gleichen Jahr, in dem sie starb, wurde die jüngere Tochter Rita schwer krank. Krebs, ziemlich spät entdeckt. Sie machte eine schwere Zeit durch, Angst, Schmerzen, Chemo, Übelkeit, die Haare fielen aus. Aber die Behandlung schlug an, und ihr Zustand besserte sich. Manchmal kam sie mit ihrem Mann in den Gottesdienst. Am Ausgang strahlte sie mich jedes Mal an und erklärte: „Sie haben gesagt, Sie beten für mich, und es hilft." Ja, Gott hatte sie im Blick.

Sieben Jahre später war der Krebs wieder da. Diesmal dachten alle, sie schafft es nicht. Sie hatte mehrere lebensbedrohliche Operationen, lag lange im Krankenhaus. Und hatte viele Fragen. Wie kann Gott es gut mit mir meinen, wenn es mir so schlecht geht? Wir sprachen darüber, wenn ich sie besuchte. Nein, schwere Krankheit ist keine Strafe Gottes. Auch in den Psalmen beklagt sich einer bei Gott: Wieso geht es mir so schlecht, der ich immer anständig gelebt habe und nichts Böses getan habe – und wieso geht es meinem Nachbarn gut, der rücksichtslos ist und nur an sich selber denkt? Ja, Beten kann auch heißen sich bei Gott beschweren, ihm sagen, dass man ihn nicht versteht. Für Rita war dieser Gedanke neu: Ich darf mich bei Gott beklagen. Kann ihm sagen, dass ich es ungerecht finde, was er mir zumutet.

Der Sternenhimmel

Der Krebs wurde noch mal in die Schranken gewiesen, Rita kam wieder nach Hause, saß im Sommer glücklich auf ihrer Terrasse und freute sich an der Sonne, an den Blumen, an der Fürsorge ihrer Familie und ihres Mannes. Die beiden hatten geheiratet, als sie 17 war, und es war immer noch eine große Liebe. Rita war in manchem eingeschränkt, aber sie war dankbar und jammerte nicht. Drei Jahre lang ging das gut. Sie feierte mit ihrem Mann noch die goldene Hochzeit – in kleinem Rahmen, denn es war Corona-Zeit. Die beiden Söhne schenkten den Eltern das Bild von einem Sternenhimmel. Als hätten sie eine Ahnung. Ein Symbol für Gottes Ewigkeit. Einen Sternenhimmel gibt es auch an der Decke ihrer Dorfkirche, der Rita und ihr Mann sich so verbunden fühlten. Unsere Väter und Mütter im Glauben haben ihn gemalt, damit die Menschen nach oben gucken und sich daran erinnern: Da gehen wir hin, in die himmlische Heimat.

Zwei Monate nach der goldenen Hochzeit ging auf einmal alles ganz schnell. Rita hatte starke Schmerzen, kam ins Krankenhaus, das CT zeigte: Der Krebs ist weit fortgeschritten, es gibt keine Hoffnung mehr. Als es zu Ende ging, kam der Krankenhauspastor, segnete sie, betete mit ihr und ihrem Mann das Vaterunser. Und so starb sie „von guten Mächten wunderbar geborgen" –

diesen Vers setzte ihr Mann auf die Traueranzeige, und darunter stand nicht „In tiefer Trauer", sondern „Im Glauben an die Auferstehung."

„Du bist ein Gott, der mich sieht." – er hat Rita gesehen in ihrem Glück und in ihrem Leid.

„Das hat der liebe Gott gelenkt"

Und nicht nur das: Gott sah auch ihren Mann und hatte schon von langer Hand für ihn vorausgeschaut. Beim Trauergespräch vor der Beerdigung erzählte er mir: „Im August hatten wir Föhr gebucht, nun muss ich da alleine hin." – „Wann sind Sie denn dort?", fragte ich. „Vom 22.–29.8.", sagte er. „Ach", sagte ich, „genau zu der Zeit sind mein Mann und ich auch auf Föhr. Dann können wir ja mal zusammen essen gehen."

Das haben wir auch gemacht, und außerdem eine Whiskyprobe und durchs Watt nach Amrum gewandert, Kunst und Kirchen angeguckt, Fisch und Friesentorte gegessen und dabei viele gute Gespräche geführt.

„Das hat der liebe Gott gelenkt, dass ihr gleichzeitig mit mir hier wart", sagte unser neuer Freund am letzten Abend. Ja, das glauben wir auch.

Eine Familie, zwei Generationen, drei Menschen, die Gott sieht und um die er sich kümmert. Gott sieht eben dreifach.

Luitgardis Parasie, Northeim, ist Pastorin und Buchautorin. Beim NDR arbeitet sie in der Reihe „Zwischentöne" mit.

ANNEGRET PUTTKAMMER

Ich schlafe ganz in Frieden

Zu den prägenden Erfahrungen meiner Kindheit gehört das Gute-Nacht-Ritual: Meine Mutter, oft auch mein Vater saßen auf der Bettkante und sprachen mit mir das Abendgebet:

Müde bin ich, geh zur Ruh, schließe beide Äuglein zu.
Vater, lass die Augen dein über meinem Bette sein.

Hab ich Unrecht heut getan, sieh es, lieber Gott, nicht an.
Deine Gnad und Jesu Blut machen allen Schaden gut.

Alle, die mir sind verwandt, Gott, lass ruhn in deiner Hand.
Alle Menschen groß und klein sollen dir befohlen sein.

Müden Herzen sende Ruh, nasse Augen schließe zu.
Lass den Mond am Himmel steh'n und die stille Welt beseh'n.

Dann gab es einen Gute-Nacht-Kuss. So konnte ich einschlafen. Ganz ruhig, weil ich wissen durfte: Der Mond besieht die stille Welt und Gott bewacht mein Schlafen. Diese Gewissheit hat meine Kindheit geprägt und ist bis heute für mich Lebensgrundlage. Natürlich weiß ich mittlerweile, dass die Welt in der Nacht durchaus nicht überall still ist und erst recht nicht immer friedlich. Doch ich bin weiterhin fest überzeugt: Unser Gott lässt seine Augen ruhen über meinem Schlafen, auch über meinem Wachen. Und ich bin rundum behütet.

Diese Gebetsworte stammen von Luise Hensel. Sie verfasste sie 1816 als 18-Jährige in Berlin, überschrieben mit „Nachtgebet". Luise Hensel war evangelische Pfarrerstochter, verschwägert mit den Komponisten Fanny und Felix Mendelssohn und befreundet mit dem Dichter Clemens Brentano. Sie trat 1818 zur katholischen Kirche über. Um sich ganz ihrem Glauben zuwenden zu können, legte sie als 22-Jährige das Gelübde der Ehelosigkeit ab. Als Hauslehrerin und Gesellschafterin war sie bei verschiedenen Adelsfamilien tätig. Sie wurde als Dichterin bekannt und widmete sich karitativen Projekten. In ihrem Geburtsort Linum in der Mark Brandenburg erinnert man sich daher an sie als „Wegbereiterin neuer Sozialarbeit".

Ihr Nachtgebet hat sie nie als ein Kindergebet verstanden, sondern als das Gebet Erwachsener, die zu einem Kinderglauben zurückfinden. So ist es auch stimmig, dass sie es vor ihrem Tod 1876 weiterdichtete. Auf ihrem Grabstein in Paderborn steht diese Version:

Müde bin ich, geh zur Ruh,
sang ich in den Jugendtagen.
Schließe beide Augen zu,
wird nun bald der Tod mir sagen.
Herr, mein Gott, das walte du.

Ich bin meinen Eltern dankbar, dass sie mich als Kind in den 1960er-Jahren mit diesem Abendgebet in den Schlaf begleitet und einen wichtigen Grundstein für mein Gottvertrauen gelegt haben. Nur einige Jahre später war dieses Gedicht nahezu verpönt. Es wurde davor gewarnt, es Kindern vorzusprechen oder vorzusingen. Es mache ihnen Angst und vermittle ein falsches Gottesbild, hieß es. Kleine Kinder würden sich dabei vorstellen, dass Gott streng und beständig kontrollierend auf sie herabschaut. Deshalb könnten sie mit diesem Gebet kein Urvertrauen zu ihm entwickeln. Das bewegt mich bis heute sehr: Worte, die für mich wohltuend, bergend klangen, haben andere Kinder erschreckt.

Ja, oft werden Glaubensaussagen unterschiedlich aufgenommen. Das gilt für das „Nachtgebet" und auch für unsere Jahreslosung, *„Du bist ein Gott, der mich sieht."* Hagar, die diese Worte im 1. Buch Mose sagt, wusste sich in ihrer Not von Gott wahrgenommen und gestützt. Und auch Luise Hensel, die das Motiv „Gesehen-Sein" aufgreift, hat daraus Kraft geschöpft für weichenstellende Lebensentscheidungen ebenso wie für den normalen Alltag. Andere Menschen aber assoziieren hier einen misstrauischen Blick Gottes, der übergriffig oder einschüchternd wirkt. Sie können diesen Gedanken kaum ertragen. Vielleicht wurde ihnen mit biblischen Geschichten Angst gemacht oder mit Gott gedroht. Vielleicht hatten sie keine Gelegenheit, über diese Empfindungen zu sprechen oder neue, wohltuende Gotteserfahrungen danebenzustellen. Wie schade, wenn sie darüber mit Gott gebrochen haben.

Mir hat es als Kind gutgetan, dass Jesus in diesem Nachtgebet vorkommt. Er, von dem mir die Kinderbibel so wunderbare Geschichten erzählte: Der für seine Menschen da war, sie verstand, sie heilte und ihr Leben heil machte. Jesus, der die Menschen sah mit ihrer Not: die Tochter des Jairus, die blutflüssige Frau, den blinden Bartimäus. Er schaute sie liebevoll und verständnisvoll an. Als Kind habe ich zwar nicht ganz verstanden, was die Formulierung „Jesu Blut" in dem Abendgebet bedeuten soll, aber ich habe doch gespürt: Hier ist einer, der sich mit Leib und Seele für die Menschen einsetzt. Den nichts davon abhalten wird, zu mir zu stehen. Und selbst wenn ich etwas so richtig falsch gemacht habe, wird er nicht darauf herumreiten. Weil ich an Jesus sehe, wie Gott ist, kann er für mich kein Kontrolleur sein und niemals abschätzig oder abwertend auf mich blicken. Dieser Gott ist für mich immer zugewandt, verständnisvoll und bergend. Auch wenn ich anderen Menschen etwas schuldig bleibe oder mich verrenne oder mich in Unheil verstricke: Er wird mich nicht verwerfen, denn Christus verbürgt sich dafür. Dieser inzwischen erwachsen gewordene Kinderglaube trägt mich bis heute.

Annegret Puttkammer ist Direktorin des Neukirchener Erziehungsvereins, Neukirchen-Vluyn.

Gott interessiert sich für die Kleinsten

In meinem neuen Reisepass steht, dass ich 1,75 m groß bin. In meinem alten auch. Das ist zunächst einmal eine gute Nachricht. Ich schrumpfe nicht! Das Thema Körpergröße ist familiär bedingt. Von einem Onkel wird in der Familie tradiert, dass er als junger Mann ein Buch bestellt habe, wie man auch im fortgeschrittenen Alter noch wachsen könnte. Das hat ihm bei seinen vier Geschwistern viel Spott eingebracht: „Am besten stellst du dich auf das Buch, dann bist du gleich um zwei, drei Zentimeter größer." Ich erinnere mich, dass ich als junger Mann in Manchester auf einer Männerkonferenz war. Und war erstaunt, dass der (nicht allzu große) Redner über das Thema Größe, also Körpergröße, sprach. Er war asiatischer Herkunft, aber in England unter Männern aufgewachsen, die ihn alle um Haupteslänge überragten. Dann aber, und davon erzählte er mit breitem Grinsen, war er im Land seiner Vorfahren, ich weiß nicht mehr, ob es Indonesien oder so war, und er entdeckte, dass er hier in diesem Umfeld locker mit der Länge der anderen mithalten konnte. Das war für ihn ein echt heilsamer Moment. Für mich auch.

Männer (und ich nehme mal an, Frauen auch) wollen gesehen werden. Und wer wie König Saul die andern überragt, kommt diesem Ziel (vielleicht) schneller näher. Ich selbst war immer der Kleinste: in der Klasse, auf dem

Fußballplatz (wo das als linker offensiver Verteidiger kein wirkliches Handicap war) und auch im Kino … Man(n) entwickelt Strategien, man könnte auch sagen Schutzbehauptungen: „Nicht wie hoch du deinen Kopf trägst, sondern wie tief deine Gedanken sind – darauf kommt es an." Schön und gut. Nur, dass die Gedanken nicht so gut zu sehen sind wie zwei Meter große Männer.

Manchmal will man freilich auch nicht gesehen werden. Unbekannt bzw. unerkannt bleiben. Ich erinnere mich an ein alttestamentliches Proseminar an der Uni Tübingen, das rappelvoll war, zu voll, wie Professor Janowski befand, und er, um Abhilfe zu schaffen, andeutete, dass Hebräischkenntnisse für sein Seminar unerlässlich wären, und er deshalb schön der Reihe nach einen Text aus dem Propheten Jesaja übersetzen lassen wolle, sodass der Prophet ihm offenbare, wer in seinem Seminar willkommen ist und wer nicht. Wie schnell da die Köpfe nach unten gingen – oder rot wurden. Ich durfte übrigens am Seminar teilnehmen.

Auch in China, wo ich einige Jahre mit meiner Familie lebte, ist das Gesehenwerden ein großes Thema: Wie und durch was kann ich mich aus der Masse an 1,4 Milliarden Menschen herausheben? Was macht mich besonders? Die ganz mutigen Chinesen färben neuerdings ihre Haare blond oder auch rot. Andere fahren einen Lamborghini oder einen Bentley. Aber was, wenn einem in dem einen Fall das nötige Kleingeld und im andern Fall das nötige Kopfhaar fehlt? Was, wenn ich (nur) durchschnittlich gebildet und durchschnittlich gebaut bin?

Ich habe mich, sozusagen genetisch bedingt, immer schon für die Kleinen in der Bibel besonders interessiert. Und habe dabei entdeckt, dass sich Gott selbst für die Kleinen bzw. Kleinsten interessiert. In 5. Mose 7,7 etwa lese ich, dass Gott das Volk Israel aus der großen Völkerzahl ausgewählt hat, weil es „das kleinste von allen Völkern" sei. Und natürlich bin ich auch bei David hängen geblieben, weil er, der kleinste, eher den göttlichen Kriterien eines zukünftigen israelitischen Königs entsprach als seine größeren bzw. älteren sieben Brüder, allen voran Eliab, der in den Augen Samuels ein stattlicher und starker Kandidat gewesen wäre. Und ich selbst habe tatsächlich einmal als 14-Jähriger in einer EC-Jugendstunde den Zachäus spielen dürfen. Und ich weiß noch wie heute, wie Jesus mich vom Stuhl (wir hatten keinen Maulbeerbaum zur Hand) herunterrief, auf dem ich stand, und ich stolz wie Oskar (wohl nicht der Oskar Matzerath der Blechtrommel) Jesus die Flurtür öffnete, die Jesus in mein imaginäres Haus führen sollte, und ich freudig feststellte, dass Jesus auch nicht größer als ich war! – Ein Gott auf Augenhöhe sozusagen. Aber hallo.

Für Hagar aus dem 1. Buch Mose habe ich mich ehrlicherweise in diesen jungen Jahren nicht so sonderlich interessiert. Dabei ist sie ein Paradebeispiel für Leute, die gern von „wichtigen" Leuten übersehen werden, von Gott aber liebevoll protegiert werden. Soll mir nicht passieren: Leute übersehen. Darum liebe ich auch die „Fünf-Minuten-Regel", die ich an einem Sonntag im Sommer 2001 im Sunshine State Florida kennenlernte, genauer gesagt in St. Petersburg: Damit kein Neuankömmling nach dem Gottesdienst „links liegen gelassen" wird, bat der Gemeindepastor, in den ersten fünf Minuten nach dem Schlusssegen nur mit Leuten Kontakt aufzunehmen, deren Namen man noch nicht kannte. Und ich kann sagen: An diesem Sonntag bin ich und meine Familie von ziemlich vielen mir unbekannten Menschen angesprochen worden. Und auch das kann ich sagen: Das tat richtig gut!

Pfarrer Ralf Richter ist Leiter des GRZ-Krelingen (Walsrode).

MAIKE SACHS

Tu, was dir vor die Hände kommt

Eigentlich sind wir dazu geschaffen, unsere Augen zu Gott aufzuheben. Denn bei ihm ist Hilfe und es ist gut, ihm zu danken. Es gab und gibt allerdings Zeiten in meinem Leben, da komme ich gar nicht dazu. Ich vergesse es. Es geht einfach unter. Ich schau nur auf das, was zu tun ist, und bin mit meinen eigenen Plänen zu beschäftigt. Und am Ende eines Tages muss ich mir eingestehen: „Ich habe meinen Herrn ganz übersehen. Schade!"

In den Jahren, in denen unsere vier Kinder klein waren, war das ziemlich häufig der Fall. Fünf Jahre nur lagen zwischen der Geburt unserer beiden Töchter, zwischen denen die beiden Jungs auf die Welt gekommen waren. Der Vorteil war: Die vier hatten immer einen Spielkameraden und konnten Interessen teilen. Kindergarten, Grundschule, weiterführende Schule, Abitur, Führerschein, alles haben wir blockweise erledigt. Doch der intensive Start mit vier Still- und Kleinkindern war anstrengend. Da war nicht viel Platz für anderes, auch nicht für so schöne Dinge wie Bibellesen, Stille oder Gottesdienstbesuch. Erschwerend dazu kam wohl, dass wir ausgerechnet in dieser Zeit im Ausland lebten und sowieso eine große Ausnahme in einer fremden Kultur waren, eine Familieninsel sozusagen.

Meine Tage waren gefüllt damit, entweder die kleinen Leute satt und sauber zu halten oder die Mini-Katastrophen eines Familienalltags zu beseitigen. Kein Gespräch konnte ich zu Ende führen, geschweige denn die Sprache unseres Gastlandes lernen. Kochen oder Wäsche aufhängen war nur möglich, wenn gerade mal Frieden im Kinderzimmer herrschte. Am besten ging es uns tatsächlich, wenn ich mich selber zwischen Lego-Steinen und Bilderbüchern niedergelassen hatte und mal mit dem einen, dann mit der anderen spielte.

Wer selbst Mutter oder Vater ist, kann es sich lebhaft vorstellen. Das gehört eben dazu und wird mit vielen schönen Augenblicken als Familie entlohnt. Aber in heißen Phasen rückt dieser Lohn in den Hintergrund.

Ich jedenfalls musste an manchem Tag ziemlich schlucken. Das konnte doch nicht alles sein! Immer war irgendetwas dringend. War z. B. die Windel gewechselt, das Glas gefüllt und die Tomatensoße aus dem Kindergesicht gewischt, dann standen schon die nächsten Erwartungen Schlange. Und ich? Und meine Zeit mit Gott?

Mitten hinein in den Alltags-Familien-Trubel und meine Unzufriedenheit erreichte mich eines Tages ein Losungswort. Denn das jedenfalls hatte ich mir bewahrt: Im Vorbeigehen schnappte ich ein Bibelwort auf oder blieb vor einem Kalenderblatt stehen, um den Text und das Bild auf mich wirken zu lassen. Sonst lebte ich von der eisernen Reserve. Jedenfalls las ich an diesem Tag aus 1. Samuel 10,7: „Tu, was dir vor die Hände kommt. Denn Gott ist mit dir."

Es wirkte wie ein Volltreffer: Genau das war es doch, was ich jeden Tag zu tun hatte, das, was mir gerade vor die Hände kam. Und nun sprach Gott mir zu: „Ich bin mit dir, jetzt, heute, bei dem, was du tust, bei allem, was dir vor die Hände kommt." Wie Balsam legte sich dieses Wort um meine wunde und aufgescheuchte Seele. Das bedeutete ja nicht nur, dass der Herr begleitet, was ich anpacke. Ich wusste in diesem Moment vor allem, dass er mich gesehen hatte, mich und die kleinen, unbedeutenden, super-alltäglichen Aufgaben.

Gott hatte also nicht nur ein Herz für die großen Projekte, sondern auch für die kleinen Handgriffe, für das, was manchmal so banal oder wenigstens selbstverständlich wirkt. Später wurde mir klar, dass Gottes Augen und sein Segen sowieso auf dem Alltäglichen ruhen. Wer die Segensworte des Alten Testaments oder die Gleichnisse von Jesus liest, der versteht: Gottes Interesse gilt dem Brotkorb, der Familie, dem Feld und dem Weinberg seiner Leute. Es geht ihm nicht zuerst um das Miteinander in der großen Politik, sondern um unseren Nächsten, um Ehepartner, Kinder und Nachbarn.

Gottes Interesse gilt dem Brotkorb, der Familie, dem Feld und dem Weinberg seiner Leute. Das sieht er. Da schaut er drauf. Und daran hatte er mich erinnert. Mehr noch, er hatte mir ins Herz gesprochen, dass er mich nicht vergessen hatte. Ich hatte zwar nicht nach ihm ausgeschaut. Dazu hatten mir die Ruhe und Kraft gefehlt. Aber er hatte mich im Blick, mich und meinen Alltag und die vielen tausend Kleinigkeiten, aus denen er bestand.

Im Rückblick kann ich sagen: Nicht nur durch Bibelworte hat er es mir gezeigt. Manchmal war es ein netter Mensch, der mich mitten im Trubel und mit unendlicher Geduld besucht hat. Wenig später war es eine weitere Familie mit Kindern im gleichen Alter, die zu unserem Team gestoßen ist. Jetzt gab es neue Spielkameraden und ein weiteres Elternpaar, und wir wurden uns gegenseitig eine große Stütze. Und es waren die Augenblicke, in denen ich mir sicher war: Ich möchte mit niemandem tauschen. Kinder sind und bleiben ein Geschenk. Jetzt sind sie mir anvertraut. Jetzt sind sie meine Aufgabe, mit allem, was sie brauchen. Deshalb ist es jetzt dran, das zu tun, was mir vor die Hände kommt. Und Gott sieht es. Denn er geht mit.

Pfarrerin Maike Sachs ist Studienleiterin im Albrecht-Bengel-Haus in Tübingen.

MARTIN SCHEUERMANN

Unsere Berufung zum Schönblick

Gott schreibt Geschichte mit der Sklavin Hagar. Der Engel Gottes verspricht ihr: „Ich werde deine Nachkommen so zahlreich machen, dass man sie nicht zählen kann." Gott hat einen Plan mit uns Menschen. Gott sieht uns. Gott führt uns. Gott segnet uns. Gott beruft uns. Das haben wir ganz konkret erlebt. Unser Weg zum Schönblick in Schwäbisch Gmünd war für meine Frau und mich eine besondere Berufungsgeschichte:

Es war im Juni 1997. Mit meiner Familie war ich in Unterweissach auf der jährlich stattfindenden mehrtägigen Konferenz der dortigen evangelischen Missionsschule. Am letzten Tag kamen meine Frau Christine und ich mit Margret Bentz ins Gespräch. Sie erzählte uns, dass sie mit ihrem Mann Helmut im Januar 1998 in den Ruhestand gehen werde. Helmut und Margret Bentz leiteten als Hauseltern und Geschäftsführer seit 18 Jahren den Schönblick, ein wunderschönes christliches Freizeithaus nahe der mittelalterlichen Stadt Schwäbisch Gmünd. Wir hatten schon mehrfach Freizeiten auf dem Schönblick durchgeführt und haben uns immer dort wohlgefühlt. Ohne ein Mandat zu haben und sehr spontan fragte Margret uns: „Ihr könntet doch unsere Nachfolger werden." Wir entgegneten sofort, dass dies ganz unmöglich sei. Wir planten innerhalb der bevorstehenden Sommerferien in Kassel umzuziehen. In der Evangelischen Gemeinde Friedenshof würden wir deshalb mindestens weitere fünf Jahre als Pastorenehepaar bleiben. Trotz unserer klaren Absage kam noch am selben Tag Helmut Bentz auf uns zu. „Ihr gehört auf den Schönblick", sagte er sehr bestimmt. „Ich werde euch als unsere Nachfolger dem Vorsitzenden, Otto Schaude, vorschlagen." Ich bat Helmut Bentz darum, dies nicht zu tun, aber Helmut ließ nicht locker. Um das Gespräch zu beenden, meinte ich schließlich zu ihm: „Also gut, wenn bis morgen um 12 Uhr die Vereinbarungen in Kassel für den Umzug etc. nicht mehr gelten würden, was gar nicht sein kann, dann rufe ich dich morgen um 12 Uhr an. Und dann können wir weitersprechen."

Mit der ganzen Familie, unsere vier Kinder waren damals zwischen einem und sechs Jahre, fuhren wir abends nach Kassel. Am kommenden Vormittag fand ich in meinem Büro ein Fax mit folgendem Inhalt vor: *„Lieber Martin, liebe Christine, da ich für einige Tage außer Haus bin, möchte ich Euch mitteilen, dass wir aus folgen-*

*den Gründen Euren Umzug nochmals grundsätzlich über-
denken müssen ... Mit herzlichen Grüßen, Euer E.K.* (Vorsitzender des Friedenshofes)

Wie tags zuvor besprochen rief ich um 12 Uhr Helmut Bentz an und las ihm das Fax vor. Ich machte ihm
deutlich, dass dies jetzt für mich gar nichts im Hinblick
auf die Anfrage bedeuten würde. Helmut allerdings
meinte, dass dies doch ein deutlicher Hinweis wäre, wohin die Reise gehen solle. Dies machte mich ein wenig unruhig und ich rief direkt Pfarrer Manfred Bittig-
hofer an. Er kannte uns seit vielen Jahren sehr gut und
riet mir die Anfrage zu prüfen. Kurz nachdem ich das
Gespräch beendete, klingelte das Telefon. Am Apparat:
Otto Schaude. Er lud uns zu einem ersten Gespräch ein
und wir vereinbarten einen zeitnahen Termin. All das
geschah an diesem Vormittag.

Etwa eine Woche später fuhren wir zum Schönblick.
Als wir ankamen, fragten wir uns, was wir hier eigentlich
wollten. Wir wurden von Ehepaar Bentz sehr freundlich
empfangen. Nach einem ersten Kennenlernen mit dem
Nominierungsausschuss fuhren wir am selben Tag wieder nach Kassel. Auf der Fahrt sprachen meine Frau und
ich kein einziges Wort. Aber uns beiden war klar: Wir
gehen nicht zum Schönblick. In Kassel blühte die Ge-
meindearbeit. Wir fühlten uns dort wohl und wir hatten
noch viele Pläne. Doch als wir im Friedenshof ankamen,
fanden wir schon wieder ein Fax von Otto Schaude vor.
Er freute sich über das gute Gespräch und lud uns zu einem zweiten Gespräch ein. Darauf antworteten wir zu-

nächst nicht, weil wir definitiv unsere weitere Dienstzeit in Kassel sahen.

In unserer gemeinsamen täglichen Bibellese lasen wir in dieser Zeit die Apostelgeschichte. Auf der zweiten Missionsreise wurden Paulus und Silas vom Heiligen Geist geführt (Apg 16,6-10). Eines Nachts hatte Paulus eine Erscheinung. Ein Mann aus Mazedonien bat ihn: „Komm herüber nach Mazedonien und hilf uns." Danach waren Paulus und Silas sich ihrer Berufung gewiss, das Evangelium in Mazedonien zu predigen. So kam die Botschaft von Jesus nach Europa. Durch das Bibellesen und das gemeinsame Gebet machte Gottes Geist uns ganz klar: Wir möchten Jesus dort dienen, wo er uns hinführt. Deshalb können wir nicht ausschließen, dass Jesus uns auf dem Schönblick haben möchte. Aus diesem Grunde haben wir unseren kategorischen Widerstand gegen eine Berufung zum Schönblick aufgegeben.

Jetzt sagten wir Otto Schaude eine zweite Begegnung zu. In dem sehr intensiven Gespräch erläuterte ich, dass ich für die Geschäftsführung fachlich sehr schlechte Voraussetzungen mitbringe. Ich habe kein Wirtschaftsstudium vorzuweisen, kenne mich mit Bilanzen nicht aus und bin auf vielen Gebieten fachlich sicherlich nicht geeignet. Dass ich eine Unternehmung dennoch leiten und weiterentwickeln kann, das steckt mir im Blut. Auch eine christliche Gemeinde ist eine Unternehmung. Und da hatte ich schon mehr als zehn Jahre Erfahrung. Für uns war eine Frage an den Nominierungsausschuss entscheidend: „Möchtet ihr, dass auf dem Schönblick missionarisch und evangelistisch gearbeitet wird?", so fragten wir. Dies wurde bejaht.

Der Landesbrüderrat der Apis (Evangelischer Gemeinschaftsverband Württemberg) hat uns dann zum 1. Januar 1998 berufen. Meine Frau und ich sind nun schon 25 Jahre auf dem Schönblick und haben dies bisher an keinem Tag bereut. Gott schreibt auch heute noch Geschichte mit uns. Es ist ein Segen und eine Freude seine Berufung leben zu dürfen. *„Du bist ein Gott, der mich sieht."*

Martin Scheuermann ist theologischer Leiter und Direktor des Christlichen Gästezentrums Schönblick in Schwäbisch Gmünd.

Reinhardt Schink

Im Ernstfall gefunden werden

Es würde ein herrlicher Tag werden. Am strahlend blauen Himmel kam die Sonne über den Bergrücken und ließ den Schnee auf den umliegenden Gipfeln funkeln. Der Anblick war unwirklich schön. Besser geht es nicht! Ein Tag, der wie dafür gemacht war, einen Tourenski-Novizen wie mich so richtig auf den Geschmack zu bringen. Allerdings war es vor der Berghütte, die bei wolkenlosem Himmel noch im Schatten lag – mit Verlaub –, auch saukalt. Drinnen hatten mir die Erfahrenen unserer Gruppe geraten: „Zieh dich nicht zu warm an, du wirst gleich ins Schwitzen kommen, wenn wir den Berg hochgehen." Folgsam hatte ich auf sie gehört – und bereute es schon in dem Moment, als die Tür der Berghütte hinter mir ins Schloss fiel und ich die Skier anschnallte. Saukalt war noch eine sehr freundliche Beschreibung für die Luft, die mich umfing und durch jede noch so kleine Ritze der Kleidung kroch. Erschrocken prüfte ich, ob ich noch den Schlafanzug anhatte … Aber wir würden ja gleich losgehen. Den Berg hinauf. Raus aus dem Schatten und rein in den Bereich des so verheißungsvoll glitzernden Schnees. Sonne – ich komme! Raus, aus dem Schatten der Kälte und rein ins Licht.

So dachte ich jedenfalls. Aber da war unser Führer, der vor dem Losgehen darauf bestand, unsere Lawinen-Pieps-Geräte zu testen. Ich weiß nicht, wie die Dinger im Fachjargon richtig heißen. Ich wusste aber sehr wohl, dass diese Piepser unter der Kleidung getragen werden, und dass ein Test der Geräte nicht nur unseren Abmarsch in Richtung Sonne verzögern würde, sondern dass es für einen Test nötig sein würde, den Anorak zu öffnen. Ein Gedanke, der mich zusätzlich zur Kälte erschaudern ließ.

Natürlich war mir klar, dass ein Test dieser kleinen Wunderwerke der Technik sehr vernünftig wäre. Wenn einer von unserer Tourengruppe in eine Lawine kommen und der Schnee ihn bedecken würde, könnte er durch ihr Signal geortet werden. Die Nicht-Verschütteten würden ihn mithilfe ihrer Piepser finden und retten. Ohne Frage, das ist alles richtig – aber im Augenblick fror ich einfach nur.

Später, weiter oben im sonnigen Teil, als mir längst wieder richtig warm war, kamen wir an der Abbruchstelle eines Schneebretts vorbei. Sie war nicht sonderlich lang und doch hatte der abrutschende Schnee deutliche Spuren im Hang hinterlassen. Beim Gedanken, was wohl passieren würde, wenn diese Schneemassen über einen hinwegrollten, fröstelte ich – trotz allen Schwitzens. In einem solchen Fall wären die Piepser im wahrsten Sinne des Wortes lebensrettend. Man würde durch sie auch unter den Schneemassen gefunden.

Ich dachte an die Jahreslosung. *„Du bist ein Gott, der mich sieht.“* Gesehen und gefunden zu werden – in einer Lawine ist das lebensrettend. Hierfür lohnt es sich, auf einer Skitour vor dem Losgehen etwas Kälte in Kauf zu nehmen, denn im Ernstfall ist das Gesehenwerden das Entscheidende. Trotzdem kann die Jahreslosung mit sehr unterschiedlichen Betonungen ausgesprochen werden: hoffnungsvoll, zuversichtlich, erstaunt oder auch zurückhaltend. Ja, sogar vorwurfsvoll, wenn man sich ausspioniert fühlt.

Es gab Situationen in meinem Leben, in denen mir das Wissen, dass Gott mich sieht, eher unangenehm war. Erstens, weil ich selbst klarkommen wollte. Zweitens, weil ich mir sehr wohl der Abgründe des eigenen Herzens bewusst war. Ich ahnte, dass äußerlich betrachtet „gute und edle Taten" zumindest teilweise aus einer nicht nur edlen Motivationslage entspringen können. Dieser Teil – jenseits der schönen Fassade – hätte von mir aus gerne im Verborgenen bleiben können. Vor Gott hat er ohnehin keinen Bestand. In solchen Zeiten hörte ich das *„Du bist ein Gott, der mich sieht"* nicht als verheißungsvolle Zusage. Zwar empfand ich Gott nie als einen lästigen Aufpasser, sondern kannte ihn als Vater, der mich liebevoll anblickt. Und doch, gerade weil ich ihm gefallen wollte, sollte manche Untiefe lieber im Verborgenen bleiben.

Gerade weil ich ihm gefallen wollte, sollte manche Untiefe lieber im Verborgenen bleiben.

Später, als wir das Gipfelkreuz erreicht hatten, genossen wir eine wunderbare Aussicht. Schneebedeckte Hügelketten, ein wolkenloser blauer Himmel und Sonne pur. Ein Ausblick, bei dem ich über die wundervolle Schöpfung ins Staunen kam. Gleichzeitig erinnerte ich mich an das so ganz andere Bild des abgegangenen Schneebretts und die von ihm im Hang hinterlassenen Spuren. Wie eigenartig: Hier standen wir auf wundervoll in der Sonne glitzerndem Schnee und würden gleich eine herrliche Abfahrt genießen. So einen Hang hinunterzuwedeln ist Lebensfreude pur, Geschwindigkeitsrausch und ein unglaubliches Glücksgefühl. Gleichzeitig war beim nur wenig entfernten abgegangenen Schneebrett äußerlich alles gleich, und doch ganz anders. Unsichtbar für Tourenski-Geher hatten sich dort tiefer liegende Schneeschichten nicht richtig miteinander verbunden. Als die Last dann zu groß geworden war, kam die obere Schneeschicht ins Rutschen. So gewaltig, dass es kein Halten gegeben hatte und sie alles mitgerissen hatte.

Mir schien, dass dies auch ein Bild für die Sünde sein kann: Äußerlich betrachtet sieht alles bestens aus, und sie verspricht Lebensspaß pur. Doch anstatt Halt zu geben, kommt etwas ins Rutschen und begräbt alles unter sich. Statt der verheißenen Lebensfreude wird man erdrückt. Statt der erhofften Weite großer Schwünge wird der Lebensraum immer enger, bis einem, bewegungslos von Schneemassen umgeben, selbst der Raum zum Atmen genommen wird. Der zunächst lockere Schnee wird urplötzlich zu einer festen, von innen nicht durchdringbaren Mauer. Wie gut, in einer solchen Situation von außen gesehen und herausgezogen zu werden! Wie gut, dass Jesus genau dafür gestorben ist.

Aber es ist ja nicht „nur" Sünde, die vieles verschüttet, niederwalzt und uns den Lebensatem raubt. Ich denke an furchtbare Schicksalsschläge, die Bekannte im vergangenen Jahr durchleben mussten. Leiderfahrungen, vor denen wir ratlos standen. Leid, das wir weder erklären noch begründen und schon gar nicht rechtfertigen können. Theologische Richtigkeiten greifen zu kurz, Gebete um ein Wunder oder wenigstens um eine Änderung der Situation blieben (scheinbar) unbeantwortet und tröstende Worte erreichten häufig nicht das Herz des Betroffenen. Mitten im Leid können geistliche Wahrheiten verletzen, wenn sie aus einer falschen Motivation heraus gesprochen werden. Vermutlich ist in solchen Situationen das schweigende Nahesein bei den Menschen im Leid das Adäquateste, das wir tun können. Ein glaubenstärkendes Nahesein, das dem Wort Gottes Raum gibt, bis es sich zum tiefen inneren, persönlichen Bekenntnis formt: *„Du bist ein Gott, der mich sieht* – auch jetzt." Diese Prozesse brauchen Zeit. Gott schenkt sie uns, er drängt uns nicht. Persönlich habe ich in einer sehr herausfordernden Lebenssituation das überraschende Reden Gottes als unglaublich wertschätzend, tröstend und zukunftsweisend erlebt. Anstelle einer Gebetserhörung im Sinn einer schnellen Änderung der Situation kam auf eine sehr erstaunliche Weise das Reden Gottes, dass er die Situation kennt, mich sieht und sich kümmern wird. Ehrlich gesagt, wäre mir zur damaligen Zeit das sofortige, sichtbare Eingreifen Gottes lieber gewesen. Rückblickend bin ich Gott dankbar. Er ging einen Weg mit mir. Ich habe dies zunächst als Zumutung empfunden, bis ich erkannte, dass es Ausdruck seiner Wertschätzung und seines Zutrauens ist. *„Du bist ein Gott, der mich sieht"* – gerade in Situationen, die ich nicht verstehe. Wie gut, denn aus diesem „Gesehen-Werden" lebe ich.

„Immerfort empfange ich mich aus deiner Hand. (...) Immerfort blickt dein Auge mich an, und ich lebe aus deinem Blick, du mein Schöpfer und mein Heil. Lehre mich das Geheimnis verstehen, dass ich bin durch dich und vor dir und für dich" (Romano Guardini).

Gott sieht mich – was für eine Verheißung. Sie schenkt mir mein Leben und mein Sein. Sie gilt im Heute, Jetzt und Hier – bis in alle Ewigkeit. So einfach, und doch geheimnisvoll. Immer und jederzeit. Nicht nur, wenn ich vor Kälte schlottere oder mich eine Lawine zu verschütten droht.

Dr. Reinhardt Schink ist Generalsekretär der Evangelischen Allianz Deutschland.

MANUEL SCHMID

„In meinem Auto ist Jesus Steuermann ... "

Wir waren unterwegs in die Skiferien – ich war gerade elf Jahre alt geworden, mein Bruder war damals neun und meine kleine Schwester erst zarte zwei Jahre alt. Vor der Abfahrt am frühen Morgen haben unsere Eltern im Auto mit uns zusammen gebetet, dass Gott unsere Fahrt segnet und uns wohlbehalten ans Ziel führt.

Auf der Autobahn hat mein Vater dann wieder das Lied angestimmt, das wir auf längeren Strecken immer gesungen haben: „In meinem Auto ist Jesus Steuermann", heißt es da, „und mit ihm fahre ich sicher durch das Land". Ich weiß nicht mehr, ob ich als angehender Teenager das Lied schon doof fand – auf jeden Fall erinnere ich mich an Text und Melodie noch genau.

Und dann ist es passiert, nur noch zwei Kilometer vom Ziel in den Schweizer Bergen entfernt.

Wir fuhren bergauf, sehr gemütlich. Ja, eigentlich waren wir sogar zu langsam unterwegs. In der schattigen Kurve hatte sich nämlich Schneematsch und Dreck gesammelt, der die Räder unseres Autos durchdrehen ließ und ihm den Schwung raubte. Wir kamen nicht mehr voran, und allmählich drehte sich der Wagen von der Straße weg und rutschte mit der Front voran Richtung Abhang.

Meine Mutter schrie hysterisch, wir Kinder auf dem Rücksitz begriffen nicht richtig, was geschah. Mein Vater versuchte die Situation noch zu retten, aber die Vorderräder glitten schon über den Rand der Straße.

Für eine kurze Zeit wiegte das Auto auf der Bergkante auf und ab – in diesen Augenblicken riss ich die Tür auf (damals kannte man weder Kindersicherungen noch Anschnallpflichten) und sprang aus dem Wagen.

Ich purzelte den steilen Abhang herunter und landete in einer kleinen Ausbuchtung oder Delle auf der schrägen Wiese. Ehe ich mich halbwegs orientieren konnte, folgte mir unser Auto mit dem Rest der Familie. Bis zum heutigen Tag habe ich die verzweifelten Schreie meines Vaters im Ohr. „Jesus!", schrie er unentwegt. „Jesus, hilf!"

Der Wagen überschlug sich wild. Ein großer Schatten bäumte sich über mir auf, dann spürte ich, wie der Volvo-Kombi auf mich herabfiel. Das Auto blieb aber in Bewegung und stürzte mit Getöse noch weitere 100 Meter den Berg hinunter. Schlitten, Skier und Autoteile wurden in alle Himmelsrichtungen geschleudert. Eine stattliche Tanne brachte das vierrädrige Geschoss zum Stillstand – kurz vor einem senkrechten Steilhang.

Da lagen wir nun, von einer einsamen, entlegenen Bergstraße abgekommen, hinter Bäumen versteckt. Meine Eltern waren verletzt, mein Bruder bewusstlos und im völlig demolierten Auto eingeklemmt.

Ich selbst lag weiter oben im Dreck. Die Begegnung mit fast zwei Tonnen Stahl und Blech hatte ich nur überlebt, weil ich in der kleinen Mulde geschützt war – bis auf meinen Unterschenkel, welcher vom Druck des Wagens zertrümmert wurde.

Es besteht wenig Zweifel, dass ich in kürzester Zeit verblutet wäre, wenn nicht ... ja, wenn nicht genau an diesem Tag und an diesem Ort zwei Jungs im Wald gespielt hätten. Die Söhne eines Bauern, der in der Nähe seinen Hof hatte. Das Auto stürzte praktisch vor ihren Augen in die Tiefe, und sie rannten sofort los, um Hilfe zu holen.

Es gab damals noch keine Handys, und doch war die Nothilfe in Rekordzeit bei uns. Ich wurde mit Blaulicht ins Spital gefahren. Ein halbes Jahr und 21 Operationen später – inklusive zahlreicher Haut-, Knochenmark-

und Gewebe-Transplantationen – war ich (buchstäblich) wieder auf den Beinen.

Mein Bruder dagegen hatte beim Aufprall des Autos eine starke Hirnblutung erlitten. Er wäre am Unfallort beinahe gestorben, wurde dann im Hubschrauber gerettet und befand sich vier Wochen im Koma. Entgegen der Prognose der Ärzte ist er aus der Bewusstlosigkeit wieder aufgewacht und hat mit den Monaten auch wieder sprechen und laufen gelernt. Er leidet aber bis heute körperlich und geistig an den Folgen des Unfalls.

Die Jahreslosung spricht uns die Zuwendung und Aufmerksamkeit Gottes zu, gerade wenn wir uns vergessen und verloren fühlen: *„Du bist ein Gott, der mich sieht.“*

Ja, tatsächlich. Auch unsere familiäre Unfallgeschichte ist ein Zeugnis für diesen Gott, der uns sieht. Es ist keine Story der völligen Bewahrung, keine fröhliche Triumphgeschichte. Wir leiden bis heute an den Folgen dieses traumatischen Ereignisses.

Aber es ist die Geschichte eines Gottes, der durch die Augen anderer zu Hilfe eilt. Hätten uns die beiden Kinder nicht gesehen, wäre diese Geschichte noch ungleich dramatischer ausgegangen. Sie waren zur richtigen Zeit am richtigen Ort. Ihre Augen wurden in diesem Moment zu den Augen Gottes, der uns sieht.

Für mich schließt sich an diese Erfahrung eine Ermutigung an, die mich als Nachfolger von Jesus begleitet: Wo kann ich derjenige sein, der Gottes Augen für

Keine Story der völligen Bewahrung

andere Menschen verkörpert? Wo gerate ich in Situationen, in denen ich vielleicht als einziger die Not anderer Menschen wahrnehme, ihren Schrei höre, und ihnen helfen kann?

Dr. Manuel Schmid ist Podcaster bei der Plattform RefLab der Evangelisch-reformierten Landeskirche des Kantons Zürich.

THEO SCHNEIDER

Von Gott überrascht

„Mit Überraschung bezeichnet man das Erleben unvorhergesehener Situationen, Gefühle oder Begegnungen, unerwarteter Worte, Geschenke und Ähnliches." So wird in Wikipedia das Wort Überraschung erläutert. Wir alle können diese Beschreibung in den verschiedensten Bereichen unseres Lebens bestätigen. Immer wieder werden wir vor neue Sachverhalte gestellt, ändern sich Situationen, müssen wir Neues wagen. Das gilt im Großen wie im Kleinen. Auch für die Heilige Schrift gilt das Stichwort in umfassender Weise. Immer wieder handelt Gott, redet er zu den Seinen, schenkt neue Entwicklung. Man kann geradezu auf jeder Seite der Bibel eine neue Entdeckung machen. Gott überrascht uns.

Es ist eine besondere Erzählung, aus der das Wort der Jahreslosung stammt. Sie ist kein Ruhmesblatt für Abram, den Stammvater des Glaubens. Er und seine Frau Sarai konnten es nicht erwarten, dass sich die Verheißung Gottes für einen Nachkommen für sie erfüllte. Sie wurden selbst aktiv. Eine Magd mit dem Namen Hagar brachte stellvertretend für Sarai einen Sohn zur Welt. Danach gab es Streit, Missgunst, Trennung. Die junge Mutter mit dem Kind musste fliehen. Doch der Engel des Herrn holte sie ein. Ihr Weg war längst noch nicht zu Ende. Doch sie kannte den Gott, der im Engel zu ihr kam, gar nicht. Sie wurde total überrascht. Sie beschreibt ihn mit dem hintergründigen, geheimnisvollen Satz: *„Du bist der Gott, der mich sieht."* Und dieser Satz auf den ersten Seiten der Bibel strahlt durch die ganze Bibel: David auf der Flucht vor Saul; Jeremia bei der Zerstörung Jerusalems; der Zöllner Levi, an dessen Zollstelle Jesus vorbeizog und ihn in seine Nachfolge rief; Paulus vor den Toren von Damaskus. Wir können die Reihe über die Bibel hinaus unendlich weiterführen: Martin Luther in seinem Ringen um die Barmherzigkeit Gottes. Ich gehöre auch dazu.

Ich will von einer Überraschung erzählen, die für mich ein Geschenk auf meinem Lebens- und Glaubensweg geworden ist – ganz, ganz anders als damals bei Hagar, aber für mich wegweisend und stärkend:

Es war am 14. Juli 1974, einen Sonntag. An diesem Tag war in Wuppertal das Jahresfest der Evangelistenschule Johanneum mit der Einsegung/Aussendung von zwölf Studierenden. Einer davon war ich. Die Erlöserkirche, direkt unterhalb des Johanneums gelegen, war gut gefüllt, denn natürlich waren auch Familienangehörige und Freunde sowie Vertreter der Gemeinden und Arbeiten gekommen, in die wir an diesem Tag ausgesandt wurden. Ein festlicher Gottesdienst, in dem der württembergische Bischof Helmut Claß predigte, der zu dieser Zeit auch Vorsitzender des Rates der Evangelischen Kirche in Deutschland war. Nach der Verkündigung folgte die Segnung und die Aussendung von uns Zwölfen. Jeder wurde von den Dozenten des Johanneums und von Bischof Claß gesegnet; jeder bekam ein Wort der Heiligen Schrift zugesprochen. Das waren besonders dichte Augenblicke für jeden von uns. An ganz unterschiedliche Orte und Aufgaben sollten unsere Wege gehen. Für mich ging es in die Landeskirchliche Gemeinschaft in Braunschweig. Mir wurde ein Wort aus dem Propheten Jesaja zugesagt: „Es sollen wohl Berge weichen und Hügel hinfallen, aber meine Gnade soll nicht von dir weichen und der Bund meines Friedens soll nicht hinfallen, spricht der Herr, dein Erbarmer" (Jesaja 54,10).

Doch direkt nach Schluss des Gottesdienstes bekam ich mit, dass mein Vater, der mit meiner Mutter und meinen Geschwistern am Gottesdienst teilgenommen hatte, zielstrebig nach vorne zu Direktor Pfarrer Berewinkel ging, der den Gottesdienst geleitet hatte. Mir war zunächst unklar, worum es ihm ging. Doch dann wurde die große Überraschung deutlich: Mein Vater war ebenfalls zur theologischen Ausbildung am Johanneum in Wuppertal gewesen. Im Sommer 1937 war er eingesegnet und ausgesandt worden. Als biblisches Leitwort war ihm damals eben auch das Wort aus dem Propheten Jesaja zugesagt worden! War das ein unglaublicher Zufall? Oder hatte die Leitung des Johanneums in den Akten nachgesehen, um eine Brücke vom Vater zum Sohn zu schlagen? Die Rückfrage ergab ganz schnell: Niemand hatte nachgesehen; das war nicht geplant, sondern war ein „Zufall", eine göttliche Überraschung. Von Albert Schweitzer, dem Arzt und Theologen (1875–1965), stammt der Satz: „Der Zufall ist das Pseudonym, das der liebe Gott wählt, wenn er inkognito bleiben will."

Für mich gehören der 14. Juli 1974 und Jesaja 54,10 zusammen. Das Wort der Zusage aus Jesaja begleitet mich. Und es ist ein kleiner Beleg, dass es gilt: *„Du bist ein Gott, der mich sieht."*

Theo Schneider ist Generalsekretär i. R. des Evangelischen Gnadauer Gemeinschaftsverbandes und lebt in der Lutherstadt Wittenberg.

Corona-Lektionen

„Also, wir können dich gut hören, aber sehen können wir dich nicht. Kannst du bitte mal deine Kamera einschalten?" Pause. Wir starrten alle auf unsere Bildschirme mit den verschiedenen Gesichtern. „Nein – wir sehen dich immer noch nicht. Geh doch mal nach links unten. Da siehst du ein Kamerasymbol, und rechts von dem ist ein kleiner Pfeil – auf den musst du klicken." Pause. „Hast du ihn? Dann müsstest du jetzt eine kurze Liste von Wahlmöglichkeiten sehen; in der musst du auf ‚Videoeinstellungen' klicken." Pause. Es tat sich nichts. „Wähl jetzt deine Kamera aus und klick drauf." Pause. „Ja, jetzt sehe ich dich. Halleluja. Dann lasst uns anfangen."

So ähnlich klangen öfters unsere Unterhaltungen seit dem Anfang der Coronaseuche, wenn sich unser Hausbibelkreis zum gemeinsamen Bibellesen zusammenfand. Ein winziges Virus hinderte uns daran, uns von Angesicht zu Angesicht zu sehen, und wir wichen auf Gespräche per Video aus. Das war besser als gar nichts, aber es dauerte manchmal sehr lange, bis wir einander auf dem Schirm hatten und der Austausch beginnen konnte. Ab und zu fiel beim gemeinsamen Video-Bibelstudium ein Viertel der Zeit irgendwelchen technischen Problemen zum Opfer.

Und zwischendurch verschwand dann das eine oder andere Gesicht einfach ungewollt wieder aus der digitalen Runde. Wir anderen berieten, wie wir den Blickkontakt wiederherstellen könnten, und ab und zu habe ich mich einfach ins Auto gesetzt und bin die paar Minuten zu einem Mitglied unseres Kreises gefahren, um mir den widerborstigen Computer mit eigenen Augen anzuschauen. Oft war in solchen Momenten meine erste Vermutung: „Das liegt am Internet. Oder am Server. Oder an diesem viel zu alten Laptop." Meistens aber bestätigte sich die alte Weisheit: „Das Problem ist nicht der Computer. Das Problem sitzt vor dem Computer."

Aber es sind nicht nur Gefühle des Verzichts und der Frustration, an die wir uns aus den Zeiten von Lockdown und Isolation erinnern. Es gab ja auch das klammheimliche Vergnügen, sich nicht erst formvollendet anziehen zu müssen, sondern in Jogginghosen und Espadrilles an den Füßen dasitzen zu können. Die eigens angeschaffte externe Kamera (um möglichst gut von den anderen Gesprächsteilnehmern gesehen zu werden) erfasste ja nur die seriös gekleidete obere Körperhälfte. Und da waren die Erfolgserlebnisse, wenn wir endlich die Technik überlistet hatten und wieder gemeinsame Entdeckungen in der Bibel machen konnten. Vor allem aber genossen wir die simple Freude daran, trotz sozialer Isolation von jemandem gesehen zu werden. So ähnlich – und noch viel intensiver – wird sich damals in biblischen Zeiten die schwangere Hagar gefreut haben, als ihr klar wurde, dass da jemand sie auch in ihrer Wüsteneinsamkeit wahrnahm: Gott selbst. *„Du bist ein Gott, der mich sieht"*, sagte sie.

Gab es noch andere Lektionen über das Sehen, die ich während der Coronaseuche gelernt habe? Mehr als einmal bin ich zu Zeiten der Maskenpflicht auf der Straße Passanten begegnet, die ich an ihren Augen und ihrer Frisur wiederzuerkennen meinte. Gewöhnlich lächle ich ja sowieso alle Menschen an, die mir auf dem Bürgersteig entgegenkommen – ganz gleich, ob es Bekannte sind oder nicht. Wenn sich aber unter der Maske ganz andere Menschen versteckten, die nicht zu meinem Bekannten- oder Freundeskreis gehörten – wenn ich sie also sozusagen grundlos angelächelt hatte –, schauten sie mich etwas ratlos an und fragten mich, woher wir uns kennen würden. Das führte manchmal zu einem heiteren längeren Wortwechsel.

Aber auch andersherum habe ich durch die Vermummung die Bekanntschaft netter Menschen gemacht, weil sie mich von sich aus irrtümlich ansprachen: „Hallo Siggi, altes Haus – dich hab ich ja lange nicht mehr gesehen. Geht's dir noch gut? Schicke Maske hast du auf." Pause. „Ach, entschuldigen Sie; ich hab mich wohl vertan. Sie sind ja gar nicht der Siggi. Ich hab Sie einen Augenblick lang für einen lieben Freund gehalten. Diese Verkleidung kann einen schon ganz schön täuschen. Mich nervt sie inzwischen total." Bei dem folgenden Austausch über Ähnlichkeiten und Unverwechselbarkeiten von Gesichtern – mit kurzzeitiger Entfernung der Maske, um die eigene Identität zu beweisen – habe ich ab und zu in interessante Gesichter geschaut und spannende Geschichten gehört. Da muss ich schon wieder an die vermutlich verhüllte ägyptische Sklavin aus dem Haushalt des Nomadenfürsten Abram denken, die an einer Wasserquelle saß und von Gott durch einen Engel zielgenau angeredet wurde: „Hagar, Sarais Magd, wo kommst du her, und wo willst du hin?"

Und noch ein drittes Kapitel habe ich in der Zeit der Pandemie gelernt. Weil ja – wie die Philosophen es ausdrücken – erst der Verlust einer Sache uns klarmacht, was sie wert ist, habe ich in der Isolation ganz neu schätzen gelernt, wie gut der Blick in ein geliebtes Gesicht tun kann. Zum Beispiel machte ein striktes Besuchsverbot in der Klinik mir als Patienten erst richtig bewusst, wie schön es gewesen wäre, wenn ich die vertrauten und vermissten Gesichter meiner Liebsten aus der Nähe sehen und daraus neue Kraft und Zuversicht hätte schöpfen können. Und dieselbe Erfahrung machten auf der anderen Seite meine Angehörigen, die mich unendlich gern besucht hätten, aber durch Sicherheitsvorschriften daran gehindert wurden. Auch wenn wir mit Videoanrufen und anderen digitalen Hilfsmitteln wenigstens die Bilder der ersehnten Gesichter herbeiholen konnten, war das nicht der nahe Blick in nahe Augen, den wir uns wünschten.

„*Du bist ein Gott, der mich sieht*", sagte Hagar an ihrer Quelle, und sie spürte, wie nahe er ihr auch in der Einsamkeit war. Und wir wissen heute: Gott ist ja nicht nur ein Gott, der uns sieht. Er ließ sich selbst bei uns sehen und schaltete gewissermaßen sein Bild online, als er auf dieser Erde als Mensch unter uns Menschen lebte. Er nahm sozusagen seine Maske ab und ließ uns in Jesus Christus seine liebevollen Gesichtszüge sehen. Um es in einem anderen Bild zu sagen: Gott sieht uns nicht wie ein Gefängniswärter, der von außen durch ein Guckloch in der Tür kontrolliert, was der Zellenbewohner alles tut. Er ist selbst in unsere Zelle gekommen, um mit uns zu leben. Wenn wir Gottes liebevollen Blick erwidern wollen, brauchen wir nur Jesus Christus in seinem Leben und Sterben, in seinen Worten und Wundern anzuschauen und ihm dann nachzufolgen.

Dr. Manfred Siebald ist Professor für Literaturwissenschaft an der Johannes-Gutenberg-Universität in Mainz und Liedermacher.

ROLF SONS

Die Liebe Gottes im Leben wahrnehmen

Vor etlichen Jahren besuchte ich einen Kurs unserer Landeskirche zur „Geistlichen Begleitung". Dabei ging es auch um ein bewusstes Wahrnehmen der eigenen geistlichen Biografie. Schon in den ersten Kurstagen bekamen wir als Teilnehmer eine besondere Aufgabe. Wir sollten unser Leben in Sieben-Jahres-Abschnitte einteilen und in dem jeweiligen Abschnitt Zeichen der Liebe Gottes wahrnehmen. Ich zog mich einen halben Tag mit Stift und Papier in die Stille zurück und schaute mein Leben an. Wie war das in den ersten sieben Jahren meines Lebens? Wo waren die Zeichen der Liebe Gottes in jener Frühphase? Natürlich stand ich in jenen Jahren noch nicht bewusst im Glauben. Auch war mein Elternhaus nicht besonders christlich geprägt. Und doch erkannte ich, dass schon in jenen Jahren mein Leben von Gott gesehen wurde. Ich entdeckte, wie gut es viele Menschen schon während meiner Kindergartenzeit mit mir meinten. Ich erinnerte mich an meine Onkel und Tanten, denen ich viel Gutes zu verdanken hatte. Ich fühlte mich durch meine Großeltern gesegnet. Ich schaute mir den nächsten Abschnitt an: Es war die Grundschulzeit und die Jahre bis zu meiner Konfirmation. Welche Zeichen der Güte Gottes konnte ich in diesem Lebensabschnitt entdecken? War da nicht eine Grundschullehrerin, die zu Beginn des Unterrichts mit uns betete und zu der ich noch über meine Grundschulzeit hinaus eine gute Beziehung hatte? Ein tiefgreifendes Ereignis jener Jahre war eine schwere Darmoperation infolge eines Darmverschlusses, als ich neun war. Ich habe sie Gott sei Dank gut überstanden. „Zufälligerweise" kam ich in ein Krankenhaus, in welchem Aidlinger Schwestern beschäftigt waren. Ich erinnere mich, wie sie mir Geschichten aus der Bibel vorlasen und ganz bewusst vor der Operation mit mir beteten. Mein Vater sagte später, es seien die Aidlinger Schwestern gewesen, die dafür gesorgt hätten, dass ich „fromm" wurde. Nach der Konfirmation folgte eine weitere wichtige Lebensphase. Es folgten sieben entscheidende Jahre. Es war die Zeit, in der ich so langsam in die christliche Jugendarbeit hineinwuchs. Ich erlebte sehr viel Schönes in einer christlichen Jugendgruppe und fand zum Glauben an Jesus. Ich entschied mich, Theologie zu studieren und Pfarrer zu werden. Es folgten die Jahre des Studiums, die Verlobungszeit und die Hochzeit. Darauf folgten die ersten Berufsjahre und die Zeit, in der meine Frau und ich unsere Kinder geschenkt bekamen. Inzwischen bin ich über 60 Jahre alt und blicke auf weitere Sieben-Jahres-Etappen meines Lebens zurück. Jede dieser Etappen war besonders. In jeder dieser Etappen kann ich sehen, wie Gott es gut mit mir meinte. Ich war von ihm gesehen und erlebe es bis heute so. Das Erstaunliche dabei ist, dass er mich schon gesehen hat, als ich ihn noch nicht bewusst für mein Leben entdeckt hatte. Ist sein Sehen nicht immer auch ein „Ausersehen"? Auf jeden Fall ist sein Sehen dem Erwidern seines Blickes von meiner Seite immer voraus gewesen. Sein liebevoller Blick hat mein Leben von Anfang an und schon davor begleitet. Er ist ein Gott, der mich sieht. Dafür bin ich ihm unendlich dankbar.

Ich weiß allerdings, dass dies keinesfalls selbstverständlich ist. Nicht immer sehen wir seine Güte. Nicht

In jedem Lebensabschnitt Zeichen der Liebe Gottes wahrnehmen.

immer fühlen wir uns von ihm gesehen. Manchmal scheint er seinen Blick von unserem Leben abgewendet zu haben. Davon berichtet im Folgenden ein irischer Jesuit, der einen Mann geistlich begleitet hat. Dieser Mann war unter schwierigen Verhältnissen aufgewachsen. Der Jesuit gab dem Mann die Aufgabe: „Geh in deiner Geschichte zurück und versuche, Hinweise darauf zu finden, dass Gott sich zu erkennen gegeben und sich gezeigt hat, dass er dir gezeigt hat, dass er dich liebt."

Am Tag darauf kam der Mann zurück und erklärte ziemlich mürrisch, dass er nie auf die kleinste Spur von der Liebe Gottes in seinem Leben gekommen sei. Der Jesuit wusste, was er tat. Wieder schickte er ihn weg, mit der gleichen Aufgabe, er sollte eine Spur von Gottes Liebe in seinem Leben finden. Unter Tränen kam der Mann zurück und erklärte, er habe es ehrlich versucht, aber in seiner Vergangenheit nichts anderes als Dunkelheit und Beklommenheit sehen können. Der Jesuit schickte ihn ein drittes Mal weg. Widerwillig ließ er sich auf die Forderung ein, die Übung zu wiederholen. Als er am nächsten Tag zurückkehrte, hatte der Mann wieder Tränen in den Augen, dieses Mal aus einem anderen Grund. Er erzählte, dass er etwas gesehen habe, das er zuvor noch nie gesehen hatte. Der Mann hatte gesehen, wie Gott ihn ein um das andere Mal berührte, wenn es ihm am dunkelsten schien. Das hatte er nie zuvor bemerkt.

Gott ist das große „Du", das uns sieht. Manchmal liegt es ganz offen zutage, und wir können seinen Blick an vielen Stellen unseres Lebens entdecken. Manchmal sind uns die Augen dafür verschlossen, und wir meinen gar, er hätte uns vergessen. Die Jahreslosung macht uns Mut, auf Entdeckungsreise zu gehen und die Güte Gottes wahrzunehmen. Denn er ist ein Gott, der uns anschaut. Er lässt sein Angesicht über uns leuchten. So heißt es in dem großen Segenswort am Ende des Gottesdienstes. Von Ostern her leuchtet uns sein Angesicht in seinem Sohn Jesus entgegen. Unter seinem Blick gehen wir weiter dem großen Ziel entgegen.

Dr. Rolf Sons ist Pfarrer der württembergischen Landeskirche in Flein.

GERDI STOLL

Gott sieht klar

Ich bin in der Stadt unterwegs, um Besorgungen zu machen.

Ein bildhübsches Mädchen schlendert vor mir her. In der Hand hält sie ihr Handy. Ihr linker Arm ist dabei hochgestreckt. Ich kann beobachten, wie sie ihre Mimik immer wieder verändert, bis sie mit sich selbst zufrieden ist. Klick, und schon ist das Selfie im Internet zu sehen. Auf einer Parkbank sitzt ein Pärchen. Auch sie lächeln ins Handy hinein. Klick, das Selfie gibt wieder, dass sie unsagbar ineinander verliebt sind. In der Eisdiele sitzen vier Freunde. Ihr Selfie drückt aus, wie stolz sie aufeinander sind. Untersuchungen haben ergeben, dass vor allem junge Menschen ein starkes Bedürfnis haben, über diesen Weg auf sich aufmerksam zu machen. Es zeigt die Sehnsucht, gesehen zu werden.

In einem Supermarkt stand ich mit meinem Einkaufswagen kurz vor einer Kasse. Eine junge Mutter mit ihrem kleinen Kind hatte gerade ihre Waren auf das Förderband gelegt. Mit meinen Augen kam ich in Kontakt mit dem kleinen Schatz. Er war so süß. „Schade, dass Ihr Kind wegen meiner Maske nicht sehen kann, dass ich es anlächle", sagte ich zu der Mutter. „Mein Sohn merkt es. Er sieht es an Ihren Augen", war ihre Antwort. All diese Erlebnisse aus meinem Alltag könnten noch vielfältig ergänzt werden.

Gott hat sich etwas gedacht, als er bei der Erschaffung des Menschen ihm zwei Augen geschenkt hat: Wenn ein Neugeborenes zum ersten Mal die Augen öffnet, wenn es auf den Blickkontakt der Eltern reagiert und lächelt. Wenn ein Fünfjähriger den strengen Blick des Vaters wahrnimmt: „Achtung! Aufgepasst! Hier wird es gefährlich." Wenn ein Kind mit verweinten Augen wahrgenommen und z. B. von der Oma getröstet wird. Wenn in der Zeit des Verliebtseins ein Blickkontakt genügt, sodass Schmetterlinge im Bauch in Bewegung kommen.

Augen vermitteln Signale. Sie bringen zum Ausdruck: Du bist mir wichtig. Ich habe dich lieb.

Augen können jedoch auch verletzen: ein verachtender Blick im Streit; ein hasserfüllter Blick in der Zeit der Trennung; ein beherrschender Blick, mit dem man Macht ausüben will.

Augen können aber auch zum Ausdruck bringen: Ich nehme an deinem Leben Anteil. Ich stehe dir in deiner Schwachheit bei. Ich sorge für dich. Du kannst mir vertrauen.

Genau das hat eine junge Frau erlebt. Ihr Name ist Hagar. Sie lebte vor ca. 3.800 Jahren und war schwanger. Unehelich. Eine Magd. Ihr Herr war Abram. Ihre Herrin war Sarai. Sarai war unfruchtbar und bekam keine Kinder. Deshalb bat sie Abram, ihre Magd als Gebärfrau zu nehmen. Die Folge war, dass Eifersucht die Beziehung der beiden Frauen zerstörte.

Augen vermitteln Signale. Sie bringen zum Ausdruck: Du bist mir wichtig. Ich habe dich lieb.

Hagar verließ Sarai und Abram und floh in die Wüste. Schwanger. Allein. Ohne Hilfe. Gott sieht. Ein Engel spricht sie an. Es ist erstaunlich: Hagar erkennt, dass hinter diesem Engel Gott steht, dass Gott sie sieht: *„Du bist ein Gott, der mich sieht"* (1. Mose 16, 13). Da ist ein Wunder passiert, wenn ein Mensch erkennt, dass Gott ihn sieht. Jesus sagt: „Wer mich sieht, der sieht den Vater." Als Menschen können wir uns Gott nicht vorstellen. Doch Jesus ebnet uns mit seinem Wort und Leben den Weg, damit wir von den wunderbaren göttlichen Augen berührt werden können. Das bezeugt die Bibel. Da kann die Situation noch so schwer und herausfordernd sein. Wenn Gott mich im Blick hat und meine Situation wahrnimmt, dann kann ich mit Zuversicht und Hoffnung meinen Weg gehen.

Als fünfjähriges Mädchen habe ich diese Erfahrung persönlich gemacht. Meine Heimat ist Thüringen. Im Jahr 1953 haben sich meine Eltern aufgrund ihres Glaubens an Jesus Christus entschieden, diese Heimat zu verlassen. Wir waren auf der Flucht. Ich hatte keine Ahnung von dem, was uns bevorstand. „Wir machen Urlaub in Berlin", war die Antwort meiner Eltern, als ich sie nach dem Grund unserer Reise fragte. Die Wahrheit konnten sie mir während der Flucht noch nicht sagen. So saßen wir im Sechser-Abteil eines Zuges Richtung Berlin. Stille. Es fiel kein Wort. Auch der fremde Mann in unserem Abteil schwieg. Plötzlich ging die Tür auf. Eine Beamtin trat ein und fragte den Mann nach seinen Papieren. Die besaß er nicht. Er musste ihr folgen samt seinem Koffer. Er war verhaftet.

Dann kam die Beamtin zurück. Nun waren wir an der Reihe. Doch sie kam nicht zu Wort. In diesem Augenblick konnte ich nur noch sagen: „Mir ist schlecht. Ich muss spucken." Die Beamtin nahm mich an die Hand und ging mit mir zur Toilette. Dort musste ich mich übergeben. Danach öffnete sie im Gang ein Fenster, sodass ich frische Luft schnappen konnte. Sie gab mir ein Bonbon und brachte mich zum Abteil meiner Eltern zurück. Und verschwand.

Gott hat unsere Situation gesehen. Gott hat gesehen, dass ich unbewusst gespürt habe, wir sind in Gefahr. Er hat auf besondere Weise geholfen und uns befreit. Seitdem kann ich von ganzem Herzen sagen: *„Du bist ein Gott, der mich sieht."* – bis zum heutigen Tag.

Gerdi Stoll, Mötzingen, ist Pädagogin, Pfarrfrau und Referentin.

MARTIN THEILE

Sieht denn keiner, was ich alles tue?

Recht jung war ich, als ich in ein Leitungsamt unserer Kirche gewählt wurde. Mit meinen 37 Jahren hatte ich bedeutend weniger Lebenserfahrung als meine vier Kollegen in der Kirchenleitung der Herrnhuter Brüdergemeine, die alle 15 bis 20 Jahre älter waren als ich. Doch ich ging die neue Aufgabe mit viel Elan an. Nicht alles fiel mir leicht. In einigen Gemeinden gab es menschliche Spannungen, andere hatten Mühe, sich mit den neuen Bedingungen nach der Wende in Deutschland zurechtzufinden. Eine Gemeinde kämpfte um ihre Gemeinderäume, die ihr von einer anderen Kirche streitig gemacht wurden. Und dann gab es noch alte Konflikte über den geistlichen Weg unserer Kirche, die in der neu gewonnenen Freiheit mit Vehemenz aufbrachen. Bei Gemeindebesuchen und auf Konferenzen ging es hoch her, und es gelang nicht immer, die Wogen zu glätten. Zu groß waren die Meinungsunterschiede und Interessengegensätze. Ich habe in dieser Zeit viele Federn lassen müssen.

Nach sechs Jahren endete meine erste Amtsperiode, und ich stellte mich erneut zur Wahl. Ein Ausschuss bat um Namen für weitere Kandidaten, doch innerhalb der festgelegten Frist wurde keiner genannt. Deshalb gingen meine Frau und ich davon aus, dass ich wiedergewählt würde, und sie begleitete mich nicht zu unsrer Synode. Doch dort wurde ein weiterer Kandidat gesucht und gefunden. Offensichtlich hatten mehr Leute als erwartet Probleme mit meiner Art der Leitung. Vielleicht, weil ich in ihren Augen nicht immer klar genug Stellung bezog. Teilweise sicher auch, weil ich mir als junger Mensch manches zu sehr zu Herzen nahm und nicht über die notwendige Souveränität verfügte, um die gebotene Ruhe auszustrahlen. Und wohl auch wegen inhaltlicher Positionen, die nicht jeder teilte.

Für mich kam das wie ein Blitzschlag aus heiterem Himmel. Meine Frau und ich hatten unser Leben ganz auf meine Tätigkeit ausgerichtet. Wir waren deswegen von der Schweiz nach Sachsen gezogen. Zu Hause hatten wir vier schulpflichtige Kinder, die einen weiteren Ortswechsel nicht gut vertragen würden. Dazu nagten Fragen an mir: Sieht denn niemand meinen Einsatz? Wird meine differenzierte Haltung in besonders schwierigen Fragen nicht richtig wahrgenommen? Und warum hatten nicht einmal meine Kollegen diese Entwicklung kommen sehen?

Und wirklich: Im ersten Wahlgang erhielt ich nicht die Mehrheit der Stimmen und auch im zweiten nicht. Im dritten entscheidenden Wahlgang wurde der andere Kandidat knapp gewählt. Er wurde gefragt: „Nimmst du die Wahl an?" Doch nun geschah erneut etwas Unerwartetes. Er schwieg eine geschlagene Minute lang. Daraufhin wurde die Wahlhandlung unterbrochen, damit wir miteinander reden könnten. Wir gingen zusammen hinaus. Wir kannten uns seit unseren Studienzeiten, doch jetzt wussten wir beide nicht weiter. Ich hatte das Gefühl: Ich bin nicht gewählt; an diesem Beschluss der Synode kann ich nicht rütteln, so gern ich das im Hinblick auf Aufgabe und Familie tun würde. Nach ein paar Minuten kam ein älterer Bruder aus dem Saal, einer der Bischöfe. Er sagte nur: „Tut, was ihr für richtig haltet." Daraufhin beantwortete der andere Kandidat die vorher gestellte Frage im Plenum: „Nein, ich nehme die Wahl nicht an." Und ich wurde für schlussendlich weitere neun Jahre Mitglied der Kirchenleitung.

Am nächsten Tag fuhr ich mit dem Zug nach Hause. Erst jetzt sortierte ich meine Gedanken und Gefühle und brachte sie im Gebet vor Gott. Es war, wie wenn ich eine neue Antwort auf meine vorherigen Fragen bekommen würde: „Sieht denn keiner meinen Einsatz? Nimmt niemand mich so wahr, wie ich bin?" Ich spürte: Doch! Gott sieht mich, er steht zu mir. Denn dies hatte ich in dieser eigenartigen Wahlhandlung auch erlebt, und dies wurde mir in den nachfolgenden Tagen von Brüdern und Schwestern bestätigt, die darin Gottes Heiligen

Geist am Werk sahen. Ich nahm mir zweierlei vor: Ich wollte erst recht mit vollem Einsatz weiterarbeiten und dabei manches bewusst neu gewichten. Und ich wollte mich vor allem noch weniger abhängig von Menschenmeinungen machen, weder von drückenden Mehrheiten noch von frommen Minderheiten. Nicht in erster Linie das tun, was Menschen von mir erwarten – das hätte mich ja fast zerrissen. Sondern was Gott will. Und das dann noch deutlicher sagen.

Heute ist das alles lange vergangen. Ich habe danach noch viele Jahre für meine Kirche gearbeitet – zuerst in der Kirchenleitung und dann wieder als Prediger in einer Gemeinde, bis ich kürzlich nach 40 Dienstjahren meinen Ruhestand antrat. Was damals geschah, werte ich heute als geistlichen Lernprozess, den ich nicht missen wollte, so schwer das alles damals für mich war.

Ich verbinde diese Erfahrung mit der Jahreslosung aus 1. Mose 16,13: *„Du bist ein Gott, der mich sieht."* Auch Hagar sprach dieses Wort aus, nachdem sie zuerst menschliche Ablehnung und dann umso mehr Gottes Zuwendung erfahren hatte. Und auch sie ging danach in ihre alte Position und Aufgabe zurück, mit allen ihr bestens bekannten Schwierigkeiten, aber zugleich auch mit einem neuen Vertrauen zu Gott, der ihr am Tiefpunkt ihrer Krise begegnet war.

Martin Theile ist pensionierter Gemeindehelfer (Pfarrer) der Herrnhuter Brüdergemeine und wohnt heute wieder in Herrnhut.

Mit Hagar durch die letzten Jahrzehnte

Lange schon berührt mich Hagars Geschichte. Immer mal wieder. Auf zwei Lebensstationen wirft die biblische Erzählung ein Licht – der Rest wird vom Dunkel der Geschichte verschluckt. Aber da ist alles drin: ein Mix an Brüchen, Umbrüchen, Aufbrüchen ... Ihr Herkunftsland wird uns genannt: Ägypten. Ihre soziale Situation: Sie ist eine Sklavin in Abrams Hausstand. Und ihr Name: Hagar, was so viel bedeutet wie „die Fremde" – vielleicht sogar ein „Sammelname" für ihresgleichen? Ihre Geschichte erinnert mich an Kriegs- und Fluchtgeschichten im letzten Jahrhundert und an weltweite Fluchtgeschichten heute ... Immer noch und immer wieder erleben ganz junge Frauen solche Lebensbrüche bis in ihren intimsten Bereich hinein.

Hagars Glück in allem Unglück: Sie kam in eine „Gottesfamilie"! Glück nicht deshalb, weil das die „besseren Menschen" wären – weit gefehlt! Aber Glück deshalb, weil Gott sein Auge auf diese Familie geworfen hatte – und damit auch auf sie!

Mit Hagar in den 1980er-Jahren

Damals gab es in unserem Arbeitsfeld der CVJM-Arbeit viele „Mutter-Kind-Gruppen": Junge Mütter mit Kleinkindern legten häufig eine Berufspause für die ersten Jahre ein – das Betreuungsangebot für Kleinkinder war vielerorts nicht bedarfsdeckend und die Nachfrage nach gemeinsamen Gesprächs- und Austauschgruppen für Lebens- und Glaubensfragen bei den jungen Müttern war riesig.

Brisante Lebensthemen wurden besprochen: Die „Reproduktionsmedizin" war ein großes Thema; die ersten „Retorten-Babys" wurden gerade geboren. War das die Abhilfe bei unerfülltem Kinderwunsch? Die Frage der „Leihmutterschaft" – zunächst nur in der Boulevard-Presse präsentiert – sorgte in diesen Runden für manchen Gesprächsstoff. Wie ist das alles biblisch zu beurteilen? Gibt es geistliche „Leitbilder" dafür?

Da geriet Hagar in mein Blickfeld: Eine ca. 4000 Jahre alte Geschichte und hochaktuelle Lebensfragen im ausgehenden 20. Jahrhundert kreuzten sich plötzlich! Hagars Geschichte – auf einmal so spannend und so lebensnah! Die Bibel schildert sie uns einerseits als die stolze Leihmutter, die aus ihrer neuen Position die ersehnte und lange verwehrte Anerkennung ihrer Persönlichkeit herausschlagen will. Gleichzeitig aber gerät sie an den Abgrund der Verzweiflung in dem ungleichen Kampf zwischen Herrin und Sklavin. Mit Hagars Geschichte wurde uns in unseren Mutter-Kind-Gruppen die Ambivalenz der neuen Möglichkeiten bewusst.

Hätte Gott nicht höchstpersönlich eingegriffen durch seinen Engel, hätte er ihr nicht die richtigen Fragen zur richtigen Zeit gestellt: *„Wo kommst du her und wo willst du hin?"* – sie hätte in ihrer Umbruchsituation die Orientierung verloren. So aber findet sie Ausweg und neues „Ansehen" in der neu gewonnenen Erkenntnis: *„Du bist ein Gott, der mich sieht … Gewiss habe ich hier hinter dem hergesehen, der mich angesehen hat."*

Mit Hagar um die Jahrtausendwende

In meinem damaligen Umfeld in der Großstadt Berlin und bei Vortragsdiensten für „Frühstückstreffen für Frauen" geriet zunehmend die wachsende Zahl alleinerziehender Mütter in mein Blickfeld. Wie können ihnen Gottes Botinnen und Boten heute geistlich beistehen? Sicher nicht mit Besserwisserei und Urteilen über ihre gescheiterten Beziehungen.

Hagar geriet wieder neu in mein Blickfeld: Wer wünschte sich da nicht einen „Engel" – besser noch: Gott selbst an die Seite! Ein Gott, der „sieht" und „hört" – die Einsamkeit, die Ratlosigkeit, die Überforderung, manchmal die Verzweiflung, die Mutlosigkeit, die Anstrengung, es gut machen zu wollen … Hagar hat es erlebt! Beides! Sowohl das Schicksal einer alleinerziehenden Mutter als auch das andere: Gott sieht das alles! Gott hört und hört zu! Und Gott erhört sie. Er gibt ihr Kraft in den Krisenzeiten. Er gibt ihr neue Perspektiven für die Zukunft. Er öffnet ihr die Augen für ihre neu gewonnenen Möglichkeiten. Hagar erlebte in ihrer Lebenskrise das Versprechen neu: *„Du bist ein Gott, der mich sieht."* Soll das denn heute nicht mehr so sein?

Wirklich – ein Gott, der MICH sieht?
Advent 2013

Hagar geriet wieder aus meinem geistlichen Blickfeld. Aber nicht ihre Glaubensüberzeugung! Ich wollte sie auch für mich tief verinnerlichen: Ich habe in und durch Jesus Christus, meinen Herrn, einen *Gott, der mich sieht!* Schließlich hat ER ja die alttestamentliche Zusage bestätigt durch sein „ICH bin bei euch alle Tage ...“! Aber eines Nachts war ich verzweifelt genug, um diesen von mir selber so oft gepredigten Glaubens-Satz für mich persönlich infrage zu stellen ... Es war gerade mal vier Wochen her seit dem plötzlichen Tod meines Mannes. Die Adventszeit stand vor der Tür. Einen Adventskranz besorgen? Mir war nicht danach, obwohl er von Kindesbeinen an für mich zu Advent gehört. Wenige Tage vor dem 1. Advent lag ich im Bett, starrte in den dunklen Nachthimmel und hielt Ausschau nach einem Stern.

„Du bist ein Gott, der mich sieht.“

Jesus: „ICH bin bei euch alle Tage ...“! (Mt 28,20).

Irgendwie kreiste dieser Satz plötzlich in meinem Kopf – aber „gefühlt“ passte dieses Versprechen nicht zu meiner Situation. Er wurde eher zum großen Fragezeichen: „Bist du *jetzt* ein Gott, der *mich* sieht?“ Wie sollte Gott mir diese Frage konkret fassbar beantworten wollen? Ich dachte mir einen „Deal“ aus: Ich will einen Adventskranz haben; werde mich aber um keinen Adventskranz kümmern; werde mit niemandem darüber sprechen. Und werde abwarten, ob etwas „passiert“.

Sollte am Montag nach dem ersten Advent noch kein Adventskranz vorhanden sein, würde ich Mut fassen wollen, würde der Zusage trotzdem neu vertrauen wollen – und mir selber einen Adventskranz kaufen! Soweit mein einseitiger „Vorschlag" im nächtlichen Gebet mit meinem Gott.

Gegen Ende dieser Woche musste ich einen Freund ins Nachbardorf nach Hause fahren. Seine Frau saß mit einem Enkelkind am Tisch und stellte gerade aus kleinen Ästchen, Zweigen und Lärchenzäpfchen ihren Adventskranz her – kein frisches Tannengrün, aber kunstvoll und wunderschön gestaltet. Ich wollte mich verabschieden und schnell wieder gehen. Aber die Freundin hielt mich fest und sagte: „Bitte, warte noch einen Augenblick – wir sind gleich fertig! Dieser Adventskranz ist doch für dich!" Ich war zutiefst gerührt, betroffen – fast geschockt. Klar – über die einfühlsame Herzlichkeit meiner Freunde! So viel Liebe und Fingerspitzengefühl in jedem Zweigchen und Ästchen! Aber mehr noch: zutiefst getroffen und betroffen von der eindeutigen, persönlichen Antwort meines Gottes an *mich: Ich bin dein Gott, der dich sieht – hört – und sogar erhört!*

Silke Traub, Kraichtal, ist Lehrerin, Buchautorin und Referentin auf Frauenfrühstückstreffen.

GEROLD VORLÄNDER

Gesehen werden und sehen

Ich mag drei oder vier Jahre alt gewesen sein, als mir Folgendes widerfuhr. (Wobei meine Erinnerung vor allem dadurch wachgehalten wurde, dass meine Eltern Aussprüche des Nachkömmlings unter ihren vier Kindern aufgeschrieben haben und später immer mal wieder hervorholten.) Die glitzernden Kugeln an unserem Weihnachtsbaum waren aus empfindlichem Glas. Wodurch auch immer: Es passierte mir das Missgeschick, dass ich eine schöne große Kugel zerbrochen hatte. Wie schrecklich! Aus Angst und Scham versteckte ich mich im Keller. Ich erinnere mich daran, wie ich hinter den dicken Warmluftrohren unserer Kohlenheizung hockte und wartete, was wohl geschehen würde. Lange geschah nichts. Bis schließlich: „Ach hier steckst du!" Irgendwann war ich nämlich von meiner Familie vermisst und stattdessen die zerbrochene Weihnachtsbaumkugel gefunden worden. Daraufhin befragt, gab ich das Missgeschick und meine Flucht in den Keller zu – und habe dann wohl hinzugefügt (dabei muss man wissen, dass ich ein sehr rothaariger Junge war): „Aber meine goldenen Härchen leuchteten dem lieben Gott so nah."

Zweite Erinnerung: Es mag Ende der Grundschulzeit gewesen sein. Im Rahmen des Familientages unseres CVJM gab es das traditionelle Fußballspiel Väter gegen Söhne, wobei es da mehr um Altersstufen als um Verwandtschaftsverhältnisse ging. Ich war wohl der Jüngste auf dem Platz und bekam den Ball so gut wie nie. Irgendwann aber doch, als ein älterer Mitspieler endlich sah, wie frei ich vor dem gegnerischen Tor stand. Sofort wollte ich abschießen, aber leider trat ich über den Ball und landete auf dem Hosenboden. Gelächter bei den Zuschauern. Ärger bei den Mitspielern.

Mit dieser zweiten Erinnerung verbinde ich nach wie vor ein starkes Schamgefühl. Übersehen zu werden und dann bei einer einmaligen Gelegenheit kläglich zu versagen ist mehr als bitter. Interessanterweise haftet der ersten Episode kein negatives Gefühl an, definitiv keine „Gottesvergiftung" (so der Buchtitel des Psychoanalytikers und Religionskritikers Tillmann Moser aus dem Jahr 1976), kein drohendes „Pass auf kleine Hand, was du tust!". „... leuchteten dem lieben Gott so nah", war wohl eher etwas Tröstliches für den Knirps im Heizungskeller.

Gesehen werden ist ein Grundbedürfnis von uns Menschen. Jedenfalls wenn man damit rechnen kann, freundlich angeschaut zu werden. Übersehen werden ist schrecklich. Es sei denn, man möchte sich verstecken aus Angst beschämt zu werden.

Vor einigen Jahren hat die Berliner Stadtmission zusammen mit der Berliner Zeitung ein berührendes Fotobuch und eine Fotoausstellung herausgebracht: „Die Unsichtbaren". Großartige Aufnahmen von Obdachlosen mit ein paar biografischen Notizen. Beispielhaft herausgeholt aus dem diskriminierenden Übersehenwerden und als Mensch erkennbar gemacht. „Die im Dunkeln sieht man nicht", hat Bertold Brecht in der „Dreigroschenoper" formuliert. In den letzten Jahren haben einige Promis in Berlin das mal ausprobiert, sich als Obdachlose ausstaffiert und auf den Bürgersteig gesetzt. Ihre Erfahrungen haben sie tief betroffen gemacht: Wie selten gibt es jemand, der stehen bleibt und etwas gibt! Und noch seltener jemand, der einen Menschen am Boden anschaut, sich gar hinkniet und mit ihm auf Augenhöhe spricht!

Dabei sind nicht nur Obdachlose „unsichtbar". Wie viele Menschen gibt es in unserem Land, oft in der Nachbarschaft oder auf unseren täglichen Wegen, ja sogar in unseren Gemeinden, die mit ihrer sozialen oder seelischen Not nicht gesehen, nicht wahrgenommen werden. Also vielleicht äußerlich, aber nicht mit dem, was sie wirklich ausmacht und belastet.

Für die verstoßene Hagar, hoffnungslos in der Wüste gestrandet, ist es lebensrettend, dass ihr ein Engel begegnet und ihr deutlich macht: Du bist vielleicht von aller Welt verlassen, aber nicht von Gott. Gott sieht dich. Er sieht deine Not, was du brauchst und was du trotz allem immer noch kannst. Sie fühlt sich ermutigt, sie atmet auf und staunt erleichtert: *„Du bist ein Gott, der mich sieht."* Es ist völlig klar, dass dieses Sehen Gottes ein aufmerksamer, sorgender, liebevoller Blick ist. Sie wird nicht beschämt und noch kleiner gemacht, sondern aufgerichtet und groß.

Obwohl ich in meinem inzwischen langen Dienst als

Pfarrer oder auch in Familie und Freundeskreis immer wieder Zuneigung, Aufmerksamkeit und Anerkennung erfahren durfte (was für ein Privileg!), kenn ich es doch auch, mich wertlos zu fühlen, klein und beschämt. Was für eine Befreiung, wenn es mir dann gelingt, mir klarzumachen: Gott ist da, der mich sieht, bei dem ich Ansehen habe. Und wenn ich es mir selbst *nicht* klarmachen kann, rettet es mich, wenn ein anderer zu mir kommt und mir in Erinnerung ruft: Die Dinge, die mich bewegen und beschweren, „leuchten dem lieben Gott so nah."

Hinschauen, wo jemand im Dunkeln ist. Nicht vorübergehen, sondern innehalten und Blickkontakt aufnehmen.

Wenn ich das für mich selbst immer wieder neu entdecken darf, dann möchte ich auch anderen Menschen ermöglichen, wieder Ansehen zu gewinnen, die Erfahrung, als Mensch gesehen zu werden. Also: Gott durch mich hindurchschauen zu lassen. Deshalb ermutigen wir uns bei der Stadtmission gegenseitig immer wieder, hinzuschauen, wo jemand im Dunkeln ist, nicht vorüberzugehen, sondern innezuhalten und Blickkontakt aufzunehmen. Gesehen werden – und sehen!

Pfarrer Gerold Vorländer ist Leiter des Dienstbereichs Mission der Berliner Stadtmission.

Der Gott, der mich sieht, ist der Gott, der mich liebt

Er ist inzwischen schon alt geworden. Trotzdem bewegt ihn immer noch eine traumatische Erfahrung aus seiner Kindheit. Immer wieder erzählt er davon. Und wenn er das tut, spürt man ihm jedes Mal die Betroffenheit ab. „Ich hatte eine panische Angst vor Gott", erzählt er. Und der Anlass für sein Kindheitstrauma war ausgerechnet ein frommes Kinderlied. „Pass auf kleines Auge, was du siehst. Pass auf kleines Auge, was du siehst. Denn der Vater in dem Himmel schaut herab auf dich. Pass auf kleines Auge, was du siehst."

Nun ist es nicht verwunderlich, dass es einem mulmig wird, wenn man Gott ernst nimmt. Gott ist ja wirklich nicht der weichgespülte „liebe Gott", an den viele unserer Zeitgenossen denken, wenn sie sich Gott vorstellen. Der Gott der Bibel ist der Schöpfer des Himmels und der Erde. Der, der uns das Leben geschenkt hat und vor dem wir es einmal verantworten müssen. Der, dem niemand entkommen kann. David, der König und Liedermacher, hat schon vor über 3000 Jahren überlegt, wie er Gott entkommen könnte. Und hat festgestellt: Gott ist überall schon da, wo ich auch hinkomme. Es gibt kein Versteck, weder im Himmel, noch im Totenreich, noch am entferntesten Zipfel der Welt (Psalm 139). Gott hatte uns schon auf dem Bildschirm, bevor wir überhaupt per Ultraschall gesehen werden konnten. Er weiß alles, was ich sage, auch das leiseste Flüstern. Und sieht, alles was ich tue. Auch das, was ganz im Geheimen geschieht. Er kennt auch meine tiefsten und verborgensten Gedanken. Auch die, über die ich mich selber schäme. Anders als ein Schiedsrichter beim Fußball braucht Gott keinen Videobeweis. Gott kennt jeden meiner Schritte. Es gibt keinerlei Geheimnisse, alles von mir ist offenbar. Wenn man sich das vergegenwärtigt, kann es einem angst und bange werden. Da ist es kein Wunder, dass das Kinderlied „Pass auf kleines Auge, was du siehst …" zum Albtraum werden kann.

Es hat lange gedauert, bis der Mann verstanden hat, wie gut und tröstlich das Wissen ist: „denn der Vater in dem Himmel schaut herab auf dich …", und dass man sich darüber zu Recht freuen kann.

Wie die ägyptische Magd Hagar, die es als allererste staunend festgestellt hat: *Du bist ein Gott, der mich sieht.* Mich, eine Frau. Eine einfache Magd, die ihrer Herrin davongelaufen ist. Mich, die ich nicht mehr weiterweiß. *Du bist ein Gott, der mich sieht.* Der nach mir sieht. Der mich wahrnimmt, und dem ich wichtig bin."

Oder wie das Volk Israel. Als sie unter der Herrschaft der Ägypter schrecklich leiden, schreien sie verzweifelt nach Hilfe. „Und Gott erhörte ihr Wehklagen und gedachte an seinen Bund mit Abraham, Isaak und Jakob. Und Gott sah auf die Israeliten und nahm sich ihrer an" (2. Mose 2,24f). Gott ist es nicht egal, was er sieht. Wenn er die Not sieht, und das Schreien hört, gibt es Hoffnung.

Oder wie David in Psalm 139. In seinem Erschrecken, dass Gott alles sieht, macht er die ermutigende Entdeckung: Ich kann zwar vor Gott nicht davonlaufen, aber zu ihm hinlaufen. Ich muss mich nicht vor ihm verstecken, sondern kann mit allem zu ihm kommen. Dann muss ich keine Angst vor ihm haben, sondern kann meine Ängste bei ihm loswerden. Er hat daraus ein ganz persönliches Gebet gemacht. Und schon viele haben sein Gebet zu ihrem Gebet gemacht: „Erforsche mich, Gott, und erkenne, was in meinem Herzen vor sich geht; prüfe mich und erkenne meine Gedanken! Sieh, ob ich einen Weg eingeschlagen habe, der mich von dir wegführen würde, und leite mich auf dem Weg, der ewig Bestand hat! (Psalm 139,23f).

> *Erforsche mich, Gott, und erkenne, was in meinem Herzen vor sich geht; prüfe mich und erkenne meine Gedanken! (Psalm 139,23).*

In der Geschichte vom „verlorenen Sohn" zeigt Jesus, wie Gott nach uns sieht.

Gott hält Ausschau,

- nicht wie ein hungriger Adler, der auf Beute aus ist.
- nicht wie ein zorniger Kopfgeldjäger, der uns an den Kragen geht.
- nicht wie ein fieser Geldeintreiber, der uns das letzte Hemd nehmen will.

Gott hält sehnsüchtig Ausschau nach dem, der davongelaufen und bei den Schweinen gelandet ist.

Gott sieht den, der nichts mitbringt als ein kaputtes Leben, um ihn in die Arme zu schließen und ihm seine ganze Liebe zu zeigen.

Gott schaut nach dem, dem die Vergangenheit noch in den Kleidern steckt, um ihn neu einzukleiden und einen neuen Anfang zu ermöglichen.

Das fasziniert mich. Der Gott, der mich sieht, ist der Gott, der mich liebt.

Liebend gern bin ich auf der Spurensuche nach dem Gott, der mich sieht und trotzdem liebt. Für mich selber, und um denen helfen zu können, die noch Angst haben vor dem Vater im Himmel, der auf mich herabsieht. Dabei habe ich viele überraschende und ermutigende Entdeckungen gemacht.

Der Gott, der mich sieht, ist der *Tränenzähler*. Ausgerechnet der Riesenbezwinger David schildert diese Erfahrung: „Die Wege meines Elends hast du gezählt. In deinem Schlauch sammle meine Tränen! Ja, alle sind in deinem Buch festgehalten." (Psalm 56,9)

Der Gott, der mich sieht, ist der *Haarezähler*. Seit meine Haare weniger werden, tröstet mich die Zusage Jesu: „Auch sind die Haare auf eurem Haupt alle gezählt. Fürchtet euch nicht!" (Lukas 12,7).

Der Gott, der mich sieht, ist *der Sternezähler*. Unvorstellbare ca. 70 Trilliarden Sterne hat man bisher entdeckt. „Er zählt die Sterne und nennt sie alle mit Namen" (Psalm 147,4). Die Aussage des Psalmbeters bringt mich ins Staunen. Denn der, der das Universum überblickt, „heilt, die zerbrochenen Herzens sind, und verbindet ihre Wunden".

Gebet

Danke Gott! Vielen Dank!
Du bist ein Gott, der mich sieht.

Du übersiehst mich nicht.
Obwohl ich doch nur einer von 8 Milliarden Menschen
bin.
Und keiner von den VIPs, nach denen sich die Menschen umdrehen,
hinter denen man hersieht.

Du bist ein Gott, der nach mir sieht.
Nicht von oben herab – obwohl Du vom Himmel her-
absiehst.

Du bist der Gott, der nicht wegsieht,
wenn er meine Ängste, Zweifel und Verzagtheiten sieht.

Du bist der Gott, der genau hinsieht und es mir zu-
spricht:
Fürchte dich nicht! Ich bin da.
Auch wenn du mich nicht siehst. Ich halte dich.

Weil Du auf mich siehst,
habe ich nicht das Nachsehen.

Du siehst mich so, wie es niemand anderes tut.
Denn du siehst nicht nur, was vor Augen ist.

Du siehst tiefer. Du siehst alles
und schaust mich trotzdem noch an.
Mit einem Blick der erbarmenden Liebe.
Weil du mich ansiehst, gibt es die Chance zum Neu-
anfang.
Deshalb ist es nicht zum Verzweifeln, sondern zum
Entzweifeln!
Ich muss den Kopf nicht hängen lassen,
sondern darf aufsehen zu Jesus.
Dem Anfänger und Vollender meines Glaubens.

Du bist ein Gott, der mich sieht.
Der Gott, der mich ansieht.
Das gibt mir Ansehen,
schenkt mir Hoffnung
und lässt mich getrost sein.

Ernst Günter Wenzler ist Inspektor des Süddeutschen
Gemeinschaftsverbandes.

„Elke, bist du das?"

Es liegt schon einige Jahre zurück. Ich hatte an einem Muttermal im Gesicht Veränderungen bemerkt und war zum Hautarzt gegangen. „Ja, da ist Bewegung drin", hieß es. Er entnahm etwas Gewebe und sandte es zur Untersuchung ein. Das Ergebnis war ernüchternd und auch beängstigend: Melanom, schwarzer Hautkrebs. Nach meiner Krebserkrankung mit Morbus Hodgkin fast genau zwanzig Jahre zuvor standen mir wieder alle Erfahrungen vor Augen, die ich mit einer damals fast ein Jahr währenden Chemotherapie gemacht hatte. Das verstärkte die Angst zusätzlich zu allen Informationen, die ich über Melanome im Internet finden konnte.

Es wurde klar, dass eine größere Operation anstand. Schon auf dem Weg zur Voruntersuchung war ich nervlich ziemlich am Ende. Von dem, was der Arzt mir sagte, bekam ich wenig mit. Der Termin für die OP wurde festgelegt und ich musste unterschreiben, dass ich damit einverstanden war. Doch war ich das wirklich? Es musste einfach sein. Das war klar.

Als der Tag der OP anbrach, war ich super nervös. Wie würde ich nach dem Eingriff aussehen? Würden bei der OP Gesichtsnerven beschädigt werden? Würden Lähmungen die Folge sein? Und wie würde ich auf andere Menschen wirken mit einer riesigen Narbe auf der linken Gesichtshälfte? Doch es nützte alles Sorgen nichts, ich musste in die Klinik und mich diesem Eingriff unterziehen, um eine Chance auf Heilung zu haben. Mein Mann begleitete mich dorthin, noch früh am Morgen.

Wir saßen im Warteraum mit einigen anderen Patienten. Die stationäre Aufnahme brauchte ihre Zeit. Meine Anspannung stieg. Um mich abzulenken nahm ich eine Zeitschrift in die Hand, die schon älter war und deutliche Gebrauchsspuren aufwies. Ich blätterte darin, ohne wirklich etwas aufzunehmen. Doch dann blieb mein Blick an einem Foto hängen: Ich sah mich selbst in dieser Zeitschrift. Es war ein Bericht über eine Veranstaltung, bei der ich gesprochen hatte. Unwillkürlich musste ich lachen. Hatte ich da nicht vollmundig erzählt, dass Gott immer an unserer Seite ist? Dass er uns sieht und sich um uns kümmert? Und jetzt saß ich selbst da im Wartezimmer als ein Häufchen Elend. Ich fühlte mich ertappt. Glaubte ich das wirklich, was ich da verkündet hatte? War das meine Erfahrung, dass Gott mich sieht und sich um mich kümmert? Ja, allein die Tatsache, dass ich in diesem Moment durch den Bericht in der Zeitschrift an meine eigenen Worte erinnert wurde, *Genau jetzt war er da und sah mich.* zeigte mir, dass Gott mich sah und an mich dachte. ER wollte mich daran erinnern, dass er da war. Genau jetzt da war und dass er mich sah.

Ehe ich mich versah und diesen Gedanken weiter verarbeiten konnte, wurde ich aufgerufen und in den OP-Trakt gebracht. Ich zog die OP-Kleidung an, setzte eine

Haube auf und legte mich mit Mundschutz ausgerüstet auf die Transportliege. Mein Herz schlug bis zum Hals. Als ich in die Schleuse zwischen Umkleide und OP-Saal geschoben wurde, fragte mich jemand, ebenfalls mit Haube und Mundschutz: „Elke, bist du das?" An der Stimme erkannte ich, dass überraschenderweise eine Frau aus unserer Gemeinde dort Dienst hatte und mich empfing. Wieder ein Hinweis, dass Gott mich in meiner Not sah und dass er da war. Sie konnte schnell ihre Einteilung für den OP-Saal tauschen und die ganze Zeit meiner OP dabei sein und ab und zu mein Bein streicheln und mir ermutigende Worte zusprechen, denn die OP wurde bei lokaler Betäubung durchgeführt. Immer wieder sagte sie etwas wie: „Gleich ist alles vorbei" oder „Die Naht wird sehr gut aussehen". Die Zeit schien stehen zu bleiben und als ich nach über einer Stunde in mein Zimmer gebracht wurde, schaute ich sofort in den Spiegel. Ich sah nur ein müdes und halb verpflastertes Gesicht. Ich beruhigte mich langsam und war froh, dass ich keine großen Schmerzen verspürte.

Ja, Gott hatte mich nicht nur gesehen, er hatte mich auch versorgt und mir beigestanden. Es stimmte also, was ich verkündet hatte. Nun konnte ich es mit einer weiteren Erfahrung untermauern: Gott ist da in der Not!

Ich musste danach lernen, mit der Narbe zu leben und mich nicht auf sie zu fixieren. Am Anfang sagten viele Freunde und Verwandte, dass man die Narbe – die vom Auge runter bis auf die Höhe der Oberlippe mitten im

Gesicht verlief, gar nicht sehen könne. Sicherlich lieb gemeinte Ermutigungen. Ich konnte sie aber sehr gut sehen und genau das irritierte mich sehr. Was stimmte denn nun? Dass man sie nicht sehen konnte oder meine eigene Wahrnehmung, dass sie riesig und rot war, dass sie sich wie ein dicker Faden auf mein Gesicht legte?

Als ich einmal einkaufen war, erfuhr ich die Wahrheit. Ein kleiner Junge stand mit mir an der Kasse und fragte seine Mutter: „Mama, warum hat die Frau eine große Narbe im Gesicht?" Kindermund tut Wahrheit kund. Für mich war das eine befreiende Botschaft. Ja, man sah die Narbe nur allzu gut. Ich bildete mir das nicht ein. Aber die Narbe sollte mich nicht daran hindern, mein ganz normales Leben weiterzuleben.

Heute, noch einmal einige Jahre später, sieht man die Narbe wirklich kaum noch. Dafür bin ich sehr dankbar. Und ich bin dankbar, dass mir durch diese noch rechtzeitige Operation noch viele schöne gesunde Jahre geschenkt wurden. Ich bin dankbar für die Erfahrung, dass Gott mich sieht in meiner Not. Es war sein Timing, sein Plan, seine Hilfe für mich und ich konnte nur staunen: *Du bist ein Gott, der mich sieht*, in guten und gerade auch in den schweren Zeiten!

Elke Werner ist Referentin, Autorin und Leiterin der weltweiten Frauenarbeit der Lausanner Bewegung.

Der liebe Gott sieht aber auch wirklich alles!

Als Vielfahrer hasse ich die Verkehrsdurchsagen im Radio! Meinem persönlichen Bildungssender WDR5 habe ich vorgerechnet, dass ich pro Jahr für 30 Minuten Zeitersparnis etwa 36 Stunden Verkehrsdurchsagen anhören muss, die für mich völlig irrelevant sind.

Die einzige Person, die mich mit der Situation ein wenig versöhnen kann, ist die super liebe Moderatorin mit der süßen, zu Herzen gehenden Stimme, die die Ansagen immer mit einer persönlichen Anrede an mich verbindet. Sie sagt am Ende der Staumeldungen Dinge wie „passt bloß auf euch auf da draußen", „fahrt vorsichtig, damit euch nicht auch noch was passiert" oder „ich will doch, dass ihr gut nach Hause kommt". „Ihr" sagt sie, aber an ihrer Stimme merke ich, dass sie eigentlich mich meint. Sie macht sich Sorgen um mich. Da fühle ich mich in meiner Situation wahrgenommen, gesehen. Das tut gut!

Aber natürlich stimmt das nicht. Die Frau ist gewiss nett, aber ihre Empathie bleibt notwendigerweise anonym. Sie sieht mich eben nicht, und das macht ihre Fürsorge letzten Endes doch unpersönlich. Helfen kann sie mir sowieso nicht.

Anders unser Gott. So erlebte es jedenfalls Hagar, die von Abram und seiner Frau zuerst als eine Art Leihmutter benutzt und dann vom Hof gejagt worden war. Als sie an Körper und Seele zerschunden in der Wüste liegt, erfährt sie, dass der Engel des Herrn sie gefunden hat, um sie innerlich und äußerlich wieder aufzurichten. Sie spürt, dass Gott selbst sie im Blick hat und auf sie aufpasst. Die dadurch neu gewonnene Zuversicht fasst sie in diese Worte *„Du bist ein Gott, der mich sieht".*

„Der liebe Gott sieht alles!" Also doch? Dabei soll man das doch nicht mehr sagen, weil es angeblich bedrohlich klingt und das Bild von einem strafenden Gott verstärkt, der nur darauf aus ist, uns bei unseren Fehlern zu ertappen. Neben der Abwehrreaktion gibt es auch den augenzwinkernden bis spöttischen Umgang mit den Argusaugen Gottes. So erlebte ich es als Student in Tübingen, wo mich meine Zimmerwirtin eines Sonntags zu einem typischen schwäbischen Mittagessen einlud. Es würde Spätzle und „Herrgottsbscheißerle" geben. Spätzle kannte ich schon. Aber Herrgottsbscheißerle? Wie ich erfuhr, erhielten die traditionellen Maultaschen diesen Namen, weil sich in dem Teigmantel wunderbar das Fleisch verbergen lässt, das früher in der Fastenzeit eigentlich verboten war. Was wir nicht sehen, sieht Gott auch nicht – so die blauäugige Logik dahinter.

So geht es natürlich nicht, und es bleibt dabei: „Der liebe Gott sieht alles." Die Protagonistin der Jahreslosung zeigt uns, dass diese Einsicht weder lächerlich noch bedrohlich ist. Anders als die sympathische, aber letztlich machtlose Radiomoderatorin sendet Gott nicht nur mit der Bibel empathische Botschaften an die Menschheit. Das wäre schon viel, aber er tut mehr. Er sagt nicht nur „pass auf dich auf da draußen", sondern er tut es selber. Gott wendet sich mir persönlich zu und sieht, dass gerade jetzt ein Termin ausfallen sollte, damit ich die andere Arbeit schaffen kann. Gott sieht, wie ich in Disziplinlosigkeit zu versumpfen drohe, und gibt mir einen liebevollen Kick, damit ich die Bibellese wieder aufnehme. Und ja, als es neulich an einem frühen Sonntagmorgen wirklich sehr (!) dringend und kein Ort der Erleichterung in Sicht war, stand unversehens direkt an der menschenleeren Durchgangsstraße eine einzige Tür gut sichtbar für mich offen: die Toilettentür des Dorfgasthofes. Der liebe Gott sieht aber auch wirklich alles!

Der Gedanke, von Gott im wahrsten Sinne des Wortes durchschaut zu sein, wird für mich immer tröstlicher, je älter ich werde. Ich muss mir nichts mehr vormachen und Gott schon gar nicht. Bei ihm sind meine manchmal chaotischen Gedanken und oft schwankenden Gefühle gut aufgehoben. Er hilft mir dabei, die Motive zu prüfen und mich von destruktiven Emotionen zu lösen. Und ich weiß: Gott geht barmherzig um mit dem, was er da sieht. Was für eine Entlastung: Wir müssen das, was wir vor Gott sowieso nicht verstecken können, auch nicht zu verstecken versuchen.

So empfand es wohl auch meine dreijährige Enkel-

Was wir vor Gott sowieso nicht verstecken können, müssen wir auch nicht zu verstecken versuchen.

tochter, als sie auf der Heimfahrt im Auto spontan aus-
rief: „Hallo Gott! Ich freue mich, dass du immer bei mir
bist!"

Rudolf Westerheide ist Pfarrer und Systemischer Organisa-
tionsentwickler.

BÄRBEL WILDE

Gott sieht uns mit einem liebenden Herzen an

Es ist schon lange her. Ich war zu einem Empfang eingeladen. Erst hatte ich gezögert, zuzusagen. Ich fragte
mich: Wer wird dabei sein? Viel Prominenz. Kenne ich
da überhaupt jemanden? Bin ich da nicht fehl am Platz?
Außerdem bin ich kein großer Freund von Small Talk.
Schließlich entschloss ich mich doch, die Antwortkarte
mit einem „Ja, ich komme" zurückzuschicken. Als ich
dann zu dem Event ging, bereute ich das sofort. Natürlich kannte ich keinen wirklich persönlich. Ich stand mit
meinem Sektglas im Hintergrund und fühlte mich überflüssig und unwohl. Da geschah es. Die Gastgeberin er-
blickte mich. Sie bahnte sich einen Weg durch die Gäs-
teschar und kam mit ausgebreiteten Armen auf mich zu.
Sie freute sich, mich zu sehen. Sie stellte mich anderen

Gästen vor. Es wurde ein sehr schöner Abend, an den ich mich gerne erinnere. Gute Gespräche, nicht nur beiläufige Konversation ohne Tiefgang. Ich fühlte mich nicht fehl am Platz. Wie gut tut es, nicht übersehen zu werden. Früher sagte man, wenn ein Junge sich für ein Mädchen interessierte: Er hat ein Auge auf sie geworfen.

In der Jahreslosung heißt es, dass Gott mich sieht. Das könnte an „big brother ist watching you" erinnern – den „großen Bruder" und den totalitären Überwachungsstaat, wie ihn George Orwell in seinem Roman „1984" beschreibt. Allzu oft wird aus dem Gott, der mich sieht, ein Überwachungstyrann, der mich bespitzelt und überwacht. Der selbst die kleinsten Verfehlungen noch wahrnimmt und registriert. Was für eine Verkehrung! Das ist nicht gemeint.

Das 1. Buch Mose erzählt von Hagar. Sie wird von Sarai an ihren Mann Abram weitergereicht. Ob sie will oder nicht. Auf diese Weise will Sarai – durch Hagar – doch noch Mutter werden. Obwohl das üblich war, muss es auch damals seelisch eine belastende Situation für alle drei gewesen sein. Wenn der eigene Mann mit einer anderen schläft, steckt die Frau das nicht einfach weg. Hagar wird von Abram schwanger. Es wird schwierig für Sarai. Aber sie sitzt am längeren Hebel. Sie mobbt Hagar. Hagar sieht keinen anderen Ausweg mehr als zu flüchten. Sie flieht in die Wüste. Hitze. Einsamkeit. Verzweiflung. Sie findet eine Wasserquelle. Da steht plötzlich ein Mann vor ihr. Gott kommt durch einen Engel zu Hagar. Gott nimmt ihr Elend wahr. Kein Small Talk.

Echte Anteilnahme. Er fragt: „Woher kommst du?" Sie erzählt dem Fremden alles. Er ist da. Er schaut sie an. Freundlich. Wartend. Und der Mann fragt: „Wohin willst du?" Auf die zweite Frage, auf die nach der Zukunft, weiß sie nichts zu sagen. Hagar weiß nicht wohin. Dann hört sie, wie der Mann zu ihr sagt: „Hagar, du wirst einen Sohn bekommen. Nenn ihn Ismael. Denn Gott sieht deine Not." So plötzlich wie der Mann gekommen ist, ist er auch wieder verschwunden. Hagar sieht in den Himmel und ruft voller Freude: „Du bist ein Gott, der mich sieht."

Ich staune immer wieder über die biblischen Geschichten, die uns erzählen, wie der liebende Gott sich den Menschen zuwendet. Er sieht sie, genau sie, die sonst übersehen werden oder am besten ganz verschwinden sollen. Antoine de Saint-Exupéry schreibt in „Der kleine Prinz": „Man sieht nur mit dem Herzen gut." Gott sieht uns mit einem liebenden Herzen an. Gottes Sehen befreit von den Schatten der Vergangenheit, bricht die bedrückenden Zwangslagen der Gegenwart auf und öffnet die Zukunft. Es ist die Zuwendung aus Liebe! Es ist nichts als Gnade.

Hagar gibt Gott einen Namen: *„Du bist ein Gott, der mich sieht."* Hagar erlebt, dass sie wahrgenommen wird. Sie kann sich ihr Leid vom Herzen reden. Ihr Klagen wird gehört. Ernst genommen. Sie ist nicht mehr allein. Sie weiß: Gott geht mit mir. Sie wird zurückgeschickt. Ihre belastende Lebenssituation ist unverändert. Aber sie ist durch diese Begegnung verändert. Weil Gott sie sieht, kann sie zurückgehen. Sie bekommt einen Sohn. Sie nennt ihn Ismael, so hat der Engel es ihr gesagt. Bei Gott ist sie nicht aus den Augen, aus dem Sinn.

Auf einem gescheiterten Weg ist beides wichtig: Wahrgenommen werden in der schwierigen Situation ohne Verurteilungen. Und dann neue Perspektiven entdecken im Bewusstsein: „Ich bin nicht allein." Denn in jeder Situation gilt: *„Du bist ein Gott, der mich sieht."* Weil Gott sie angesehen hat, bekommt sie Ansehen. Weil Gott uns ansieht, darum sind wir angesehene Leute. Übrigens – die Kaaba in Mekka gilt als die Grabstätte Hagars. Genauso wie Gott Hagar ansieht, schaut er auch dich an. Er sieht.

- Wenn dir alles hoffnungslos erscheint. Er ist ein Gott, der dich sieht.
- Wenn du Entscheidungen treffen und die Konsequenzen tragen musst. Er ist ein Gott, der dich sieht.
- Wenn du verzweifelt bist, weil deine Lebensträume zerplatzen. Er ist ein Gott, der dich sieht.
- Wenn dir die Tränen kommen und du keinen Ausweg weißt. Er ist ein Gott, der dich sieht.
- Wenn deine Kraft zu Ende geht und du dich von allen verlassen fühlst. Er ist ein Gott, der dich sieht.
- Wenn Menschen dir das Leben zur Hölle machen. Er ist ein Gott, der dich sieht.

Gott ist da. Wenn alle wegsehen: Er sieht dich an mit seinen Augen voller Liebe und Mitgefühl. Wenn du dich von allen übersehen fühlst, überflüssig, unwohl. Jesus kommt mit ausgebreiteten Armen auf dich zu. Seine

Hände tragen die Nägelmale. So wichtig bist du ihm, dass er sein Leben für dich gab. Du kannst ihn ansehen und dich von seiner Liebe trösten und aufrichten lassen. Weil du ihm so viel wert bist, bist du wertvoll. Auch wenn du in eine belastende Lebenssituation zurückmusst und sich nichts zu ändern scheint. Aber Gott wird dich mit

Gott ist da. Wenn alle wegsehen: Er sieht dich an mit seinen Augen voller Liebe und Mitgefühl.

seinen Augen leiten (Psalm 32,8). Das verändert dich. Und dann öffne deine Augen für den Nächsten. Auch für den, der dir das Leben schwer macht. Auch er ist ein von Gott angesehener Mensch. Denn wir haben einen Gott, der uns sieht.

Bärbel Wilde ist Pfarrerin i. R. in Lüdenscheid.

BIRGIT WINTERHOFF

Vergeben ist vergeben, weil Gott dich ansieht

Menschen mit zwielichtiger Vergangenheit werden Zukunft und Hoffnung geschenkt, weil Gott sie ansieht. Das ist die Pointe vieler biblischer Geschichten. Lebenswenden, wo niemand sie vermutet, wo Hopfen und Malz verloren ist. Jedenfalls nach landläufiger Meinung.

Da hat der ehrbare Bürger Simon Jesus von Nazareth zu einem Gedankenaustausch in sein Haus gebeten. Mit anschließendem Abendessen. Alles höchst stilvoll. Und dann ein unerwarteter, unerhörter, fast peinlich zu nennender Zwischenfall. Irgendwie hat sich eine Frau Zutritt zu der illustren Runde verschafft. Niemand hat sie eingeladen. Niemand wäre überhaupt auf die Idee gekommen, sie einzuladen. Selbstverständlich auch Simon nicht. Er kannte schließlich ihren Lebenswandel. Und machte einen Bogen um sie. Nun aber ist sie da. Kaum ist sie in Jesu Nähe, da laufen ihr Tränen über das Gesicht. Sie merkt gar nicht, wie peinlich das Ganze ist mit dem schweren Duft des teuren Öls. Mit ihren Tränen wäscht sie Jesu Füße, mit den Haaren trocknet sie sie. Und dann salbt sie sie. Jesus lässt die Frau gewähren. Er sieht sie an, unterbricht ihr Weinen nicht. Er hält den Ausbruch ihrer Gefühle aus. Und dieser Gefühlsausbruch ist so etwas wie ein Gebet ohne Worte.

Man weint heute nicht in der Öffentlichkeit. Man bewahrt Haltung. Dabei können Tränen uns erleichtern, wenn sie denn fließen und all das mit herausschwemmen, was sonst so fest- und verborgen gehalten wird. Aber Tränen machen auch hilflos. Wenn jemand vor uns weint, ist das schwer auszuhalten. Wenn jemand so schutzlos sein Innerstes preisgibt, möchte man etwas Tröstliches sagen. Beruhigend soll es sein – und doch eigentlich diese Situation beenden. Schnell werden heute Tränen blockiert. Dabei müssen sie geweint werden, sonst werden wir steinern.

Ja, es sind wohl auch nicht nur Tränen, die fließen, weil die Frau so bedrückt ist. Es mischen sich Freudentränen hinein. Da ist einer, der sie nicht schief ansieht oder seine Absichten mit ihr hat. Da ist einer, der sie liebevoll ansieht. Und gleichzeitig begegnet er ihr mit Respekt und Würde. In seiner Nähe fügt sich zusammen, was in ihrem Leben zerbrochen war und sie kaputt gemacht hatte. Die Frau wendet sich Jesus zu, schenkt ihm ihre Liebe, ist dankbar für das neu geschenkte Leben. Noch hat er nichts gesagt, und doch hat sie schon Vergebung erfahren: Das Leben öffnet sich ihr. Gott öffnet es. Er sieht sie an.

Das Leben öffnet sich ihr. Gott öffnet es. Er sieht sie an.

Und Simon? Ihm ist das Ganze peinlich. Eine Frau hier – und dann noch so eine. Und erst ihr Benehmen. Wie kann er sie am besten loswerden? Er ärgert sich, dass Jesus sich die Freundlichkeiten dieser Frau auch noch gefallen lässt. Aber Simon sieht nur auf die Vergangenheit dieser Frau. Er traut Gott und dieser Frau nicht zu, dass es Wandlungen gibt. Dass das Leben nicht nur in den eingefahrenen Gleisen weiterläuft. Dass es einen Perspektivwechsel gibt, weil Jesus sie ansieht. Simon vergisst, dass er selbst einer ist, der ganz und gar verloren wäre ohne das heilende Erbarmen Gottes. Ohne seinen liebevollen Blick. Auch ihm muss vergeben werden.

Hart und kalt geht es unter uns zu, wenn wir uns gut fühlen, weil wir uns vergleichen mit Leuten, deren Fehler offenkundiger sind als unsere. „Dir sind deine Sünden vergeben", sagt Jesus. Ein Satz, der die Gegenwart hell macht. Es ist gut, denn Gott ist dir gut. Er sieht dich an. Er schreibt dich nicht ab. Du bist nicht nur festgelegt durch das, was gewesen ist. Gott, der reich ist an Erbarmen, wird dich begleiten.

Birgit Winterhoff ist Pfarrerin im Ruhestand und war Leiterin des Amtes für missionarische Dienste der evangelischen Kirche von Westfalen.

LUISE WOLFRAM

„Ich brauche eine Wohnung!"

Aktueller und gefährlicher kann es kaum sein: Jetzt gerade tobt seit Wochen in der Ukraine der russische Angriff mit schweren Waffen, auf beiden Seiten unzählige, unschuldige Opfer unter Zivilisten und Soldaten. Furchtbare Bilder fliegen uns über die Augen und Ohren in unsere Sinne und in unseren so ohnmächtigen Verstand. Was aber keine Kriegsberichterstattung erfassen kann, ist die riesige Zahl derer, die den tiefgreifenden Kummer und das unendliche physische Leiden der Betroffenen vor Gott ausbreiten, Menschen in aller Welt, die Tag und Nacht um Frieden beten und flehen, dass der allmächtige Gott eingreifen möchte in dieses grausige Geschehen. *Sieht* Gott denn nicht, dass diese seine Welt ins Unheil taumelt? Hört und *sieht* er nicht Schreie, Tränen und das Elend seiner Geschöpfe? Man muss nicht Christ sein, um zu spüren, dass die Uhren des Schöpfers anders gehen. Vor ihm sind 1000 Jahre wie ein Tag.

Den kleinen Satz der Jahreslosung sagt Hagar, die als Sklavin vor ihrer Herrin Sara in die Wüste geflüchtet ist. Die Gründe dafür lesen sich wie eine verzwickte familiäre Story, die zwar aus einer Zeit von vor über 3000 Jahren stammt, aber an Aktualität nichts verloren hat. Hagar ist mit ihrer Verzweiflung und Not mutterseelenallein, als sie die Stimme eines helfenden Engels vernimmt, und in vertrauensvoller Überzeugung gibt sie dem Herrn, der mit ihr gesprochen hatte, den Namen *„Du bist ein Gott, der mich sieht."* Nicht Hagar hat Gott gesehen, aber Gottes Blick hat auf ihr geruht. Hagar dürfte aus dem Staunen nicht mehr herausgekommen sein, wie gewaltig die spätere Wirkung dieser Begegnung werden würde.

Für den Deutschen Evangelischen Kirchentag 2017 in Berlin war genau dieser Satz zum Thema gewählt worden, wenn auch in verkürzter Form: „Du siehst mich". An unserem Stand im „Markt der Möglichkeiten" ergaben sich manche kurze und längere Gespräche, wo Gott mitten im Leben Menschen *gesehen* hat, und zwar in direkter Wirkung. Das folgende Erlebnis hat mich wegen der vielen unsichtbaren und doch sichtbaren Fäden besonders beeindruckt:

Eine ältere Frau fühlte sich verlassen, hilflos und betrogen, weil man ihr eine neue Wohnung mit trockenen Räumen versprochen und gezeigt hatte. Schon bald nach dem Einzug hätten sie und ihre Tochter gemerkt, dass der Keller im Untergeschoss sehr feucht war und die Nässe durch die Wände aufsteigen konnte. Sie erzählte, dass sie den Kampf gegen Schimmelbildung wohl nicht hätten gewinnen können. Beim gemeinsamen Frühstück habe sie dann täglich im Gebet laut gerufen: „Herr, dir gehören alle Wohnungen in dieser Stadt, du kannst uns auch zeigen, wie und wo ..." Eine Zeit lang habe die Tochter das stumm angehört, bis es etwa so aus ihr herausgeplatzt sei: „Mutter, du bist unglaublich naiv! Du solltest mal in der Zeitung nach Wohnungsangeboten suchen oder über eine eigene Annonce nachdenken!" Auch auf Makler habe sie hingewiesen. „Aber ich habe mein Gebet immer wiederholt, täglich!", sagte die Frau. Das sei ein paar Wochen so weitergegangen, sehr zum Ärger der Tochter, bis eines Tages die alte Frau dies erlebte: Mit dem Fahrrad sei sie zum Einkaufen unterwegs gewesen, musste an einer Vorfahrtsstraße absteigen und sah direkt neben sich in der Gosse ein großes weißes Blatt liegen. Beim Aufheben habe sie gelesen, dass es sich um ein Formular mit dem Briefkopf einer örtlichen Baugesellschaft handelte. „Sollte das vielleicht eine Antwort sein auf meine vielen Gebete?" Daraufhin habe sie statt des Ladens gleich die angegebene Adresse aufgesucht. In ihrer Aufregung habe sie anhand des gefundenen Papiers direkt ihr Anliegen vorgebracht: „Ich suche eine Wohnung!" Die junge Dame dort im Büro habe genauso rasch geantwortet: „Es tut mir leid, aber wir haben da nichts für Sie!" Als die Bittstellerin sich schon enttäuscht abwenden wollte, habe sie noch gehört, wie eine Kollegin aus dem Großraumbüro herüberrief: „Halt! Warten Sie mal eben! Da ist doch heute Morgen der Herr X. von seinem Vertrag zurückgetreten wegen seiner beruflichen Versetzung!" Natürlich habe sie sich erstaunt zurückgedreht, sagte die Frau und habe aus dem Gespräch der beiden Bürodamen nur herausgehört, dass das alles nicht so einfach sei. Die besagte Wohnung sei nämlich nur zu vergeben, wenn der „Flüchtlingsausweis A" vorliege. „Den habe ich selbst ja auch!" Dieser Satz ist mir aus dem Gespräch mit der alten Frau von damals in Erinnerung geblieben. Wir haben unsere Adressen ausgetauscht. Sie schrieb mir, dass sie dort im Büro sofort den Vertrag unterschrieben habe. Es habe allerdings einen einzigen Dämpfer gegeben: Die besagte Wohnung gehöre zum Bau eines neuen Sechs-Familien-Hauses, das erst zum Herbst des Jahres bezugsfertig wäre. In der Adventszeit konnten Mutter und Tochter dort einziehen. „Gott hat unsere Notlage *gesehen*!", schrieb sie, und die Tochter habe sich widerspruchslos von der Kraft des Gebets überzeugen lassen.

Luise Wolfram war Realschullehrerin und lebt in Hannover.

Gott hört

Erstaunlich, dass ich mich an George noch so genau erinnern kann. Denn ich habe ihn nur ein einziges Mal in meinem Leben gesehen, schätzungsweise eine halbe Stunde lang. Unsere Begegnung liegt mehr als dreißig Jahre zurück. Und doch denke ich oft an diesen besonderen Menschen und seine besondere Botschaft für mich: Damals war ich auf den Philippinen unterwegs. Auf einer der vielen Inseln bekomme ich Kontakt zu einer engagierten Sozialarbeiterin. Und die nimmt mich mit zu Menschen, die sie betreut. Mit einer klapprigen Motorradriksha rattern wir über Sandpisten, durchqueren flache Flussläufe, holpern durch fast zugewachsene Wege in einem nahezu menschenleeren Dschungelgebiet.

Im Grün des Urwalds erwartet uns eine einsam gelegene Hütte, errichtet aus Bambus und anderen Pflanzen. Ohne Strom, ohne elektrisches Licht, ohne Telefon. Unser Fahrer stellt die Riksha ab und schaltet den Motor aus. Sobald das Knattern sich gelegt hat, hören wir eine fröhliche Kinderstimme. Die Stimme von George.

Seine Mutter erwartet uns schon vor der Tür. Sie begrüßt uns betont höflich und mit einer gewissen Scheu. Dann lädt sie uns ein, ihr in die Hütte zu folgen. Im ersten Augenblick nehmen meine Augen George in dem Halbdunkel nicht wahr. Doch dann meldet er sich mit seiner kräftigen Stimme und juchzt regelrecht vor Freude darüber, dass er Besuch bekommt. Georges Mutter zieht einen Bastvorhang vom Fenster weg. Als die Sonnenstrahlen ihren Weg in die Ecke gefunden haben, kann ich George zum ersten Mal sehen. Und erschrecke: Auf einer Bastmatte liegt ein Junge, vielleicht acht oder zehn Jahre alt. Ein schmaler Kinderkörper, auf dem ein riesiger, unförmiger Schädel sitzt. George leidet unter einem Hydrokephalus, einem Wasserkopf. Ich bin kein medizinischer Fachmann, aber ich habe im Vorfeld gelesen: In seinem Kopf bildet sich zu viel Gehirnflüssigkeit. Wenn die nicht abfließen kann, sorgt sie für eine ganze Reihe von massiven körperlichen Beschwerden, auch die Leistung des Gehirns kann durch den hohen Druck sehr in Mitleidenschaft gezogen werden.

Während ich versuche, meinen Schock angesichts des Anblicks in den Griff zu bekommen, plaudert die Sozialarbeiterin fröhlich mit George. Offensichtlich mögen die beiden sich sehr. Ihre heitere Unterhaltung wird oft unterbrochen von Glucksen und Kichern. Nach ein paar Minuten wendet sich die Sozialarbeiterin an mich und erklärt: Dass George hier im Dschungel nicht von medizinischen Fachleuten versorgt werden kann. Dass er nicht sitzen und schon gar nicht aufstehen kann, weil sein schmaler Körper die massive Last des Kopfes nicht tragen würde. Dass George deshalb im Prinzip den ganzen Tag hier auf der Matte liegt, liegen muss. Dass er trotzdem ein fröhlicher, immer zu Scherzen aufgelegter Bursche ist. Und ein begabter Sänger.

Genau das führt George mir jetzt mit großer Begeisterung vor: Selbstbewusst und ohne Zögern stimmt er ein Lied an und singt es mit kräftiger Stimme. Und dann gleich noch eins. Und noch eins. Dann wendet er sich an seine Mutter und bittet sie, etwas zu holen. Sie greift nach einem Foto, dessen Bedeutung mir die Sozialarbeiterin erst erklären muss: Ich sehe George auf einem Tisch liegen, jemand hält ein Mikrofon vor seinen Mund. Und George singt – wie mir scheint – aus Leibeskräften. George besteht darauf, dass mir die Sozialarbeiterin seinen Bericht genau übersetzt: An diesem Tag, da habe sein Vater ihn auf den Armen in ein Dorf getragen, ein paar Kilometer weiter. Und dort sei ein Fest gewesen. Und er, George, habe dort vorgesungen. Und alle hätten zugehört.

Ich begreife: Dieser kleine Auftritt vor ein paar Zuhörern war der bisherige Höhepunkt in dem Leben des Jungen mit dem völlig überdimensionierten Kopf. George strahlt, als er mir davon berichtet. Und seine Mutter strahlt mit. Wir reden weiter und ich höre staunend zu: Weil die Mutter oft den ganzen Tag arbeiten muss – so erfahre ich –, liegt George oft stundenlang mutterseelenallein auf dem Boden in dieser Hütte, mitten im Dschungel. Angst kennt er nicht. Langeweile auch nicht. Denn George singt. Er singt. Und singt.

Wir verabschieden uns, weil die Sozialarbeiterin noch

einige weitere Familien besuchen will. In mir klingen die Lieder von George und seine helle Stimme weiter. Seine überschäumende Fröhlichkeit trotz all der Einschränkungen berührt mich tief.

Wie sinnvoll ist es eigentlich zu singen, wenn einen niemand hören kann, frage ich mich. Und weil ich diese Frage George schon nicht mehr stellen kann, fällt mir die Antwort irgendwann selbst ein: George singt für sich selbst, natürlich. Er hat ja Freude an seiner Gabe und übt sie gerne aus. Aber ich vermute: Er kann auch deshalb so fröhlich singen, weil er damit rechnet: Ich bin nicht allein. Einer ist mir nah. Gott hört meine Lieder, so wie er das Gebet jedes Menschen hört.

Wunderbar, oder? Wenn George alleine ist und singt, dann ist Gott ganz Ohr. Er hört. Und er sieht. Die kleine Hütte dort am Rand der Zivilisation und den Jungen mit dem riesigen Kopf hat er im Blick. Seine Liebe, seine Aufmerksamkeit, sein Interesse gelten George so, wie sie jedem und jeder von uns gelten. Und ganz kindlich stelle ich mir vor: Wenn George mal besonders schön singt, dann spendet Gott Beifall, indem er die Blätter rauschen oder einen schönen Vogel vorbeifliegen lässt. George scheint

Wenn George alleine ist und singt, dann ist Gott ganz Ohr.

dieses große Geheimnis verstanden zu haben. Er lebt damit. Und er lebt davon, jeden seiner einsamen Tage lang. Nur so kann ich mir seine Fröhlichkeit erklären, seinen Mut, seinen Eifer beim Singen. Vielleicht sollte ich von ihm lernen. Vielleicht sollte ich auch anfangen zu singen, wenn ich mich mal alleine fühle. Denn ich weiß doch: Gott hört.

Christoph Zehendner ist Journalist, Theologe und Musiker. Er lebt und arbeitet in Triefenstein bei Würzburg als Mitarbeiter der Christusträger-Bruderschaft.

PETER ZIMMERLING

Der segnende Blick

Die Sklavin Hagar ist ihrer Herrin Sarai, der Frau Abrams, der Stammmutter Israels, entlaufen. In der Wüste wird ihr eine Erfahrung Gottes zuteil, die ihrem Leben eine neue Richtung gibt. Mit ihrer Gotteserfahrung ist die Erkenntnis verbunden, dass Gott ein Gott des Sehens ist, und sie bricht in das Bekenntnis und Lob Gottes aus: *„Du bist ein Gott, der mich sieht.“* Gleichzeitig wird ihr bewusst, dass Gott sie schon angesehen hat, als sie sich von aller Welt verlassen fühlte. Und dass er sie auch in Zukunft ansehen wird. Dass Gott ihr seinen Blick zuwendet, ist der Grund für ihr Gotteslob. Sie begreift, dass Gottes Blick ein segnender Blick ist.

Seit Hagar haben unzählige Menschen diesen segnenden Blick Gottes erfahren. Die prominenteste Stelle in der Bibel ist der sog. Aaronitische Segen: *„Der Herr* *segne dich und behüte dich; der Herr lasse sein Angesicht leuchten über dir und sei dir gnädig; der Herr hebe sein Angesicht über dich und gebe dir Frieden"* (4. Mose 6,24-26). Gleich zweimal ist hier von Gottes Blick die Rede: dass er sein Angesicht über dem Menschen leuchten lässt und es über ihn erhebt. Gottes Segen über einem Menschen zeigt sich darin, dass er ihm sein Angesicht und damit seine Güte zuwendet.

Im Neuen Testament wird der segnende Blick Gottes im Blick Jesu Christi konkret. So ist in den Evangelien immer wieder davon die Rede, dass dessen Blick für seine Jünger zur Segensbrücke wurde. Jesus schaut Petrus nach dessen Verleugnung an und bewirkt dadurch dessen Umkehr. „Und der Herr wandte sich und sah Petrus an. Und Petrus gedachte an des Herrn Wort, wie er zu ihm gesagt hatte: Ehe heute der Hahn kräht, wirst du mich dreimal verleugnen. Und Petrus ging hinaus und weinte bitterlich" (Lukas 22,61). In Jerusalem wird Besuchern der am Osthang des Zionsbergs gelegenen Kirche St. Peter in Gallicantu bis heute das kleine Fenster gezeigt, durch das Jesus auf Petrus geblickt haben soll.

Bemerkenswert ist auch das Wort aus der Geschichte vom reichen Jüngling: „Und Jesus sah ihn an und liebte ihn" (Markus 10,21). Der Ausgang der Begegnung zeigt, dass der segnende Blick Jesu die Freiheit des Menschen respektiert. Niemand wird von ihm gezwungen, ihm nachzufolgen.

> *„Und Jesus sah ihn an und liebte ihn."*
> *(Markus 10,21)*

Vielleicht die schönste Aussage zum segnenden Blick

Jesu verbirgt sich im Gleichnis vom verlorenen Sohn. Im Zusammenhang mit dessen Heimkehr heißt es: „Als er noch weit entfernt war, sah ihn sein Vater und es jammerte ihn, und er lief und fiel ihm um den Hals und küsste ihn" (Lukas 15,20). Offensichtlich hat er die ganze Zeit auf seinen Sohn gewartet, nach ihm Ausschau gehalten – und zugleich der Versuchung widerstanden, ihm nachzureisen. Aber jetzt kann es dem Vater nicht schnell genug gehen: Er vergisst seine patriarchale Würde und läuft ihm entgegen, um ihm sein Angesicht zuzuwenden, ihm ohne Vorleistungen oder Bewährungsproben zu vergeben und ihn wieder in seine Sohnesrechte einzusetzen.

Aber nicht nur Jesus Christus, der Sohn Gottes, sondern jeder Christ kann den Segen des dreieinigen Gottes durch den eigenen segnenden Blick an andere Menschen weitergeben. Der heute vergessene evangelische Theologe Paul Schütz (1891–1985) erzählt in seinem Buch „Warum ich noch ein Christ bin" eine bemerkenswerte Geschichte. Im segnenden Blick eines sterbenden Bauern seiner damaligen Gemeinde im Marburger Hinterland sei ihm das Antlitz Jesu Christi erschienen. Der segnende Blick des Bauern wurde für Schütz zum Anstoß, Christ zu werden: „Ich wurde plötzlich eines Nachmittags in ein entferntes Dorf gerufen, um dort einem alten Mann das Sterbeabendmahl zu geben. Ich zog in einer Nebenstube den Talar an und trat dann durch die Türe mit Kelch und Brot in der Hand in das Sterbezimmer. Der Anblick, den ich jetzt hatte, war so unerwartet, wie er für mich in meiner damaligen Verfassung nur sein konnte. Der Alte, der gekrümmt an seine Kissen gelehnt im Bett saß, richtete sich auf und wandte mir ganz langsam den Kopf zu. Dieser aber strahlte in einem Glanze, als wollte er sagen: ‚Du bist ein Engel!' So strahlte das große blaue Auge mir entgegen. Damals begann es mir zu dämmern, was es mit meinem Berufe auf sich haben könne, der mich schwer drückte. Ja, es dämmerte mir auf, was es heiße, ein Christ zu sein. Nicht an mir, sondern an ihm. An dieser Verklärung, in der sich auf eines Menschen Angesicht, das schon krustig war, für einen Augenblick das Christusantlitz abgezeichnet hatte" (Paul Schütz, *Warum ich noch ein Christ bin*, Augsburg 1996, 59f).

Voraussetzung dafür, dass der Blick eines Menschen zum segnenden Blick werden kann, ist ein gereinigter Blick. Von Natur aus ist der Blick dem sinnlichen Begehren ausgeliefert (Matthäus 5,28). Dies gilt besonders in der heutigen, von visuellen Medien geprägten digitalen Gesellschaft. Die im Netz allgegenwärtige Werbung ist darauf ausgerichtet, das Begehren zu wecken. Reinigung des Blicks ist nur dadurch möglich, sich dieses psychischen Mechanismus bewusst zu werden. Die damit verbundenen Versuchungen dürfen nicht verdrängt werden! Vielmehr sollten sie vor Gott – evtl. in der Beichte mithilfe eines menschlichen Zeugen – ausgesprochen und bekannt und durch Jesus Christus immer neu vergeben werden. Erst der gereinigte Blick eines Menschen kann zum segnenden Blick und damit zum befreienden, erkennenden, Vertrauen schenkenden und erweckenden, richtenden und aufrichtenden, beruhigenden und helfenden Blick werden. Von einem anderen auf diese Weise angesehen zu werden, hilft, zu einem neuen Menschen zu werden. Die Erfahrung von Paul Schütz ist dafür ein besonders eindrucksvolles Beispiel.

Dr. Peter Zimmerling ist Professor für Praktische Theologie an der Universität Leipzig.

Wir bedanken uns herzlich bei dem Künstler **Eberhard Münch** und dem **bene!** Verlag für die Möglichkeit, das diesjährige Motiv für unsere Buchausgabe nutzen zu dürfen.

Eberhard Münch, Jahrgang 1959, geboren in Mainz, studierte zunächst italienische Wandmalerei und dann an der renommierten Akademie der Bildenden Künste in Nürnberg. Seit 1987 ist er selbstständig als freier Maler und Raumgestalter. Seine Bilder werden in zahlreichen Ausstellungen gezeigt.

Mehr über den Künstler erfahren Sie unter **www.atelier-muench.de**

Die Jahreslosungsprodukte von bene! sind erhältlich über bene!/Droemer Knaur, das Barsortiment Chris Media und in vielen Buchhandlungen.

Kunstdruck ca. 63 x 92 cm
GTIN 4251693900719
€ [D] 15,– · € [A] 15,–

Kunstdruck ca. 40 x 60 cm
GTIN 4251693900726
€ [D] 8,– · € [A] 8,–

Kunstdruck A3
GTIN 4251693900733
€ [D] 5,– · € [A] 5,–

Kunstdruck A4
GTIN 4251693900740
€ [D] 2,50 · € [A] 2,50

Postkarte (10er-Set)
GTIN 4251693900818
€ [D] 5,– · € [A] 5,–

Lesezeichen (10er-Set)
GTIN 4251693900863
€ [D] 3,– · € [A] 3,–

Faltkarte mit Betrachtung (10er-Set)
Mit Bildbetrachtung von Hans-Joachim Eckstein
GTIN 4251693900795
€ [D] 12,– · € [A] 12,–

Faltkarte mit Betrachtung (5er-Set)
Mit Bildbetrachtung von Hans-Joachim Eckstein
GTIN 4251693900801
€ [D] 6,50 · € [A] 6,50

Kalender im Scheckkartenformat (10er-Set)
GTIN 4251693900856
€ [D] 3,50 · € [A] 3,50

Termine mit Gott 2023

365 Tage mit der Bibel

272 Seiten
mit gestalteten Monatssprüchen
ISBN gebunden 978-3-7655-0633-8
ISBN Taschenbuch 978-3-7655-3073-9
ISBN E-Book 978-3-7655-7658-4

Mehr als 50 aktive Mitarbeiter aus dem CVJM und aus unterschiedlichen Kirchen und christlichen Werken sorgen jedes Jahr dafür, dass die „Termine" zum unentbehrlichen Begleiter für die tägliche Zeit mit Gott werden. Die Auslegungen bringen den Text auf den Punkt und geben einen Impuls für den Alltag mit. Ergänzt werden sie durch einführende Texte zu den behandelten biblischen Büchern, durch die Wochen- und Monatssprüche sowie Gebete und Segenstexte. Seit Jahren sind die Termine mit Gott eine der beliebtesten und erfolgreichsten Bibellesen auf dem deutschen Markt.

BRUNNEN VERLAG GIESSEN
www.brunnen-verlag.de